Philosophie

als

Denken der Welt

gemäß

dem Prinzip des kleinsten Kraftmafses.

Prolegomena

zu einer

Kritik der reinen Erfahrung.

Von

Richard Avenarius.

Zweite unveränderte Auflage.

Berlin 1903.

J. Guttentag, Verlagsbuchhandlung,

G. m. b. H.

Vorwort.

Diese Schrift versucht, die Entwicklung der Philosophie unter das Prinzip des kleinsten Kraftmaßes zu befassen.

Freilich ist dies Prinzip zunächst ein Prinzip der Beharrung, welches hinsichtlich der Seele etwa so lauten würde: Die Änderung, welche die Seele ihren Vorstellungen bei dem Hinzutritt neuer Eindrücke erteilt, ist eine möglichst geringe; oder mit anderen Worten: Der Inhalt unserer Vorstellungen nach einer neuen Apperzeption ist dem Inhalt vor derselben möglichst ähnlich. — Insofern aber die Seele den Bedingungen organischer Existenz und deren Zweckmäßigkeitsanforderungen unterworfen ist, wird das angezogene Prinzip zu einem Prinzip der Entwicklung: Die Seele verwendet zu einer Apperzeption nicht mehr Kraft als nötig, und gibt bei einer Mehrheit möglicher Apperzeptionen derjenigen den Vorzug, welche die gleiche Leistung mit einem geringeren Kraftaufwand, bez. mit dem gleichen Kraftaufwand eine größere Leistung ausführt; unter begünstigenden Umständen zieht die Seele selbst einem augenblicklich geringeren Kraftaufwand, mit welchem aber eine geringere Wirkungsgröße bez. Wirkungsdauer verbunden ist, eine zeitweilige Mehranstrengung vor, welche um so viel größere bez. andauerndere Wirkungsvorteile verspricht.

So das Prinzip des kleinsten Kraftmaßes, wie es hier verstanden und angewandt — so der Standpunkt, von welchem aus die Entwicklung der Philosophie einer Betrachtung unterzogen worden ist, welche rückblickend bis an den ersten Keimpunkt, vorblickend bis zu der letzten Entfaltung des Weltgedankens dringen sollte.

Die nähere Bestimmung des Inhalts dieses Gedankens hat zu der Forderung der reinen Erfahrung geführt, und der Versuch, die reine Erfahrung nach Begriff und Inhalt herzustellen, gestaltete sich zugleich zu einer Kritik der reinen Erfahrung auch insofern, als die Naturwissenschaft ihre Erfahrung immer gern, obschon nicht immer klar ausgesprochen, als reine gelten lassen mochte.

Neben dieser Beziehung zur naturwissenschaftlichen Erfahrung wird man in dem auch auf dem Titel angeführten Ausdruck »Kritik der reinen Erfahrung« eine Beziehung zur »Kritik der reinen Vernunft« vermuten und selbstverständlich eine gegensätzliche. Daß eine solche Absicht mitgewirkt habe, soll nicht geleugnet werden; denn ein Gegensatz der Standpunkte ist in der Tat vorhanden, und es schien, es werde durch die Andeutung des Gegensatzes in der Benennung sofort der eigene Standpunkt in ein charakteristisches Licht gerückt, welches auch dem Andersmeinenden als Erleichterung des gegenseitigen Verständnisses nicht unwillkommen sein werde.

Sogleich an dieser Stelle nun mit einigen wenigen Worten anzugeben, worin sich dieser Gegensatz begründe, hat sich als mißlich erwiesen; für eine längere Auseinandersetzung ist hier aber nicht der Platz. Eine solche eingehendere Beleuchtung des im folgenden ausgebildeten Verhältnisses zu Kant und zu dem Erkenntnisproblem überhaupt in der Fragestellung, wie es in der Philosophie überliefert wird, sowie endlich eine ergänzende Bezugnahme zu den Seins- und Entwicklungslehren der nachkantischen Philosophie und Naturwissenschaft — alle diese und ähnliche Gegenüberstellungen und Einordnungen, so belehrend und anregend sie auch sein mögen, müssen einer späteren und umfangreicheren Arbeit überlassen bleiben, welche dann auch die Probleme des Selbstbewußtseins, des Raumes und der Zeit besonders zu behandeln haben wird. Über die Richtung, welche die Erörterung all dieser Fragen einschlagen werde, wird das geübtere Auge indessen in dem Gegebenen bereits bezeichnende Hinweise angedeutet finden. Für die erste Einführung der hier niedergelegten Anschauung in jene universale, nie beendete Diskussion, welche man »Wissenschaft« nennt, — für die Prolegomenen war der Wunsch maßgebend, den überaus beziehungsreichen Stoff mit möglichster Beschränkung auf die Hauptgedanken darzulegen und in der Form zugleich eben den Forderungen möglichst gerecht zu werden, welche sich aus dem behandelten Prinzip selbst ergaben. So ward denn nicht allein die Entsagung geübt, alle und selbst die nahgelegteste Polemik zu vermeiden, welche dehnbare Zutat, im Verein mit der einer mannigfach beliebten gelehrten Ornamentik, das bescheidene Heft unschwer zu einem leidlich imponierenden Bande hätte gedeihen lassen können; sondern es ward auch gewissenhaft alles erwogen, was, obgleich begründend und bekräftigend, doch als direkt und dringender nicht erfordert, mit einer kurzen Bemerkung erledigt oder auch ganz weggelassen werden konnte. Da indes der Wunsch nicht minder bestand, die Schrift einem umfassenderen, aus vielfältigen Elementen zusammengesetzten und mithin von ganz verschiedenartigen Voraussetzungen bestimmten Leserkreis darzubieten, so gebot die Rücksicht auf diesen hier und da Ausführungen, die dem einen oder anderen noch zu weitläufig oder zu fernliegend gelten werden. Aus derselben Rücksicht ist endlich auch in der Einleitung und sonst diejenige Anschauungs- und Ausdrucksweise verwendet worden, welche als die verbreitetste bez. bekannteste, für den Zweck schnellerer Orientierung in den vermittelnden Begriffen die relativ günstigsten Bedingungen zu enthalten schien.

Wenn, wie eingestanden, den vorliegenden Prolegomenen ein größerer und verschiedenartiger Leserkreis gewünscht ward, so veranlaßte zu solchem Wunsche das lebhaft empfundene Bedürfnis, durch Ergänzung der zu erhoffenden einzelnen Beurteilungen eine möglichst vielseitige Kritik zu erhalten. Eine Auffassung, welche, gleich der hier niedergelegten, jede individuelle Gedankenbildung, also auch die eigene, mehr als ein Fremdes denn als ein Eigenes betrachtet, da sie dieselbe als zum weitaus größeren Teil durch die allgemeine Gedankenentwicklung bestimmt anerkennt, — eine Auffassung, welche sich zugleich nicht verhehlt, wie in dem übrig bleibenden Teile scheinbar freier individueller Entfaltung noch so viele Einflüsse menschlich-subjektiver Befangenheit hemmend und trübend eingreifen: eine solche Auffassung hat wenig Grund, eine gerechte, rein von theoretischen Interessen geleitete Beurteilung zu scheuen. Vielmehr ist sie bereit, von der Kritik — und erst recht von der des Gegners — zu lernen, indem sie sich der Erkenntnis fügt, daß in den Regionen des Denkens, wo Exempel und Experiment versagen, es meist der Einwirkung gegensätzlicher Meinungen bedarf, um uns zu der vornehmsten Bedingung aller Selbstkritik und Selbstweiterbildung zu entwickeln: zu dem vollen Bewußtsein dessen, was unser Wissen war und was unser Wollen.

Inhaltsangabe.

Seite

B. Die Aufgabe der Philosophie.

Zweiter, ausführender Teil.

A. Die Methode der Philosophie.

B. Die Gestaltung der Philosophie.

Erster, einleitender Teil.

A.

Die Wurzel der Philosophie.

I.

1. Wie immer man die Seele und ihr Verhältnis zu unserem Leibe auffassen möge, in jedem Falle muß man der Seele jene Zweckmäßigkeit zusprechen, die als empirische dem Körper zuzuerkennen wir längst nicht mehr zögern. Also: man kann zweifelhaft sein, ob die Zweckmäßigkeit der geistigen Organisation als auf den zweckmäßigen Bedingungen des leiblichen Organismus beruhend zu denken sei, oder mit derselben sogar identisch, oder endlich als auf eigentümlichen, der Seele immanenten Verhältnissen begründet; man kann aber nicht zweifeln, daß die Funktionen der Seele überhaupt zweckmäßig sein müssen, da dieselben für die Erhaltung des Individuums von viel zu eminenter Bedeutung sind, als daß wir diese Erhaltung für möglich erachten könnten, ohne die Seele in ihren Funktionen die Anforderungen der Zweckmäßigkeit in hohem Grade erfüllend zu denken.

2. Die Forderungen, die wir an die Zweckmäßigkeit stellen, sind aber doppelter Art. Nicht allein muß eine zweckmäßig fungierende Organisation eine ihr obliegende Aufgabe überhaupt lösen, sondern sie muß auch deren Lösung mit dem unter den jeweiligen Verhältnissen möglichen, relativ kleinsten Kraftmaß oder den relativ geringsten

Mitteln bewerkstelligen. Eine gegebene Lösung wird für um so zweckmäßiger vollzogen gelten, je weniger Kraft bei ihrer Vollziehung nutzlos verschwendet — je mehr also Kraft für andere Leistungen erspart wurde; eine gegebene Kraft wird für um so zweckmäßiger angewandt erachtet werden, je größer die Leistung ist, die durch sie erreicht wurde.

3. Indem wir ganz davon absehen, inwiefern die Seele durch ihre einheitliche und durch Überlegung geleitete Einwirkung auf den Körper für diesen, als einen der Bewegung sowohl fähigen als bedürftigen Organismus, ein höchst zweckmäßiges und kraftersparendes Prinzip darstellt — wollen wir hier nur ihre theoretische Funktion, das Denken, daraufhin betrachten, ob sich daselbst ein Streben nach Kraftersparnis nachweisen lasse.

Die erste Frage, die uns bei dieser Betrachtung entgegentritt, nämlich die: was bei der theoretischen Funktion der Seele unter einer gegebenen Aufgabe und den entsprechenden Kraft-Mitteln zu verstehen sei, wird sich für unseren Zweck ausreichend beantworten, wenn wir an Stelle des allgemeinen Ausdruckes den engeren, wissenschaftlichen setzen: apperzipieren.[1])

4. In der theoretischen Apperzeption, welcher wir mithin unsere Aufmerksamkeit zuzuwenden haben, treten zwei Vorstellungsmassen in gegenseitige Durchdringung zum Zwecke einer inhaltlichen Bestimmung bez. Charakterisierung derjenigen, welche als die relativ unbestimmtere in den Prozeß eingetreten ist. Diejenige Vorstellungsmasse, welche die inhaltliche Bestimmung liefert, heißt die apperzipierende; die zu bestimmende ist auch die zu apperzipierende. So ist z. B. in einer von Steinthal[2]) vorgelegten Apperzeption, bei welcher die unbekannte Erscheinung eines Zoophyten unter den Begriff »Tier« subsumiert wird, die Wahrnehmungsvorstellung des Zoophyten die zu apperzipierende — der Begriff des Tieres die apperzipierende Vorstellung, welche den Inhalt der Wahrnehmung durch die Vorstellung des empfindenden und sich auf gewisse Weise ernährenden Organismus bestimmt.

5. Es stellt sich uns also eine der Seele gebotene theoretische Aufgabe dar als apperzeptive Bestimmung einer durch Wahrnehmung oder Reproduktion bewußt gewordenen Vorstellung vermöge derjenigen Vorstellungen, welche die Seele aus den Residuen früherer Wahrnehmungen als Bestimmungsmittel zu entwickeln imstande ist. Die Entwicklung solcher Vorstellungen ist mithin die der Seele abverlangte Leistung, deren Vollziehung (wie die Entwicklung alles und jedes Vorstellens) an mannigfache psychologische und physiologische Bedingungen geknüpft ist und einen bestimmten, wenn auch nicht in Zahlen faßbaren Aufwand von Kraft erfordert. Kraft ist hier zunächst in dem Sinne der Physiologie genommen; die Empfindungen der Kraft oder Schwäche, der Erleichterung oder Beschwerde, der Erholung oder Erschöpfung werden nur als begleitende Bewußtseinserscheinungen betrachtet.

6. Wäre die Kraft, welche der Seele zur Entwicklung von Vorstellungen zur Verfügung steht, eine unendliche, so würde es ihr allerdings gleichgiltig sein können, wie viel dieser unerschöpflichen Menge sie verschwendete — höchstens käme nur der dazu nötige Zeitverlust in Frage. Da diese Kraft aber eine endliche ist, haben wir also zu erwarten, daß die Seele sich bestreben werde, die Apperzeptionsprozesse möglichst zweckmäßig, d. h. mit dem relativ geringsten Kraftaufwand bez. dem relativ größten Erfolge auszuführen.

II.

7. Ehe wir uns dies an einzelnen bestimmten Verhältnissen vergegenwärtigen, möchte ich an einige Unlustreaktionen der Seele erinnern, welche eine Abneigung derselben vor einer unzweckmäßigen Kraftvergeudung anzuzeigen scheinen.

So reagieren wir unlustvoll, wenn in einer zu entwickelnden Vorstellungsreihe (z. B. in einem Vortrag, einer Abhandlung und dergl.) die sich folgenden Vorstellungen nicht nach ihrem inneren Zusammenhange geordnet sind; denn jedes »Abbrechen des Fadens«, oder »Abspringen« auf neue Bahnen nötigt den Apperzipierenden zu einer Unterdrückung einer angeregten und zur Reproduktion einer bis dahin ruhend verbliebenen neuen Vorstellungsgruppe. Diese Mehrleistung ist insofern unzweckmäßig, als durch ein späteres Zurücktreten doch wieder in die unterbrochene Gedankenfolge eingelenkt werden muß — jene Mehrleistung somit durch eine geeignetere Anordnung des Stoffes erspart, das vorgesteckte Ziel mit geringeren Mitteln erreicht werden konnte. [3])

8. Eine andere unlustvolle Reaktion wird durch das Vorhandensein eines Widerspruches in unserem Denken erzeugt. Die Kraftvergeudung liegt hier in den unausbleiblichen, aber vergeblichen Versuchen des Denkens, die eine der widersprechenden Vorstellungen zu beseitigen, oder den Widerspruch durch eine dritte (lösende) Vorstellung zu entfernen. Das Bedürfnis aber, einen Widerspruch aufzuheben, beweist wiederum nur das Streben nach Kraftersparnis; denn es sollen hierbei immer zwei differente und zu ihrer Apperzeption verschiedene Vorstellungsmassen erheischende Vorstellungen auf Eine reduziert werden.

9. Schließlich sei noch ein Fall erwähnt, in welchem das mit der Kraftausgabe verbundene Unlustgefühl unter Umständen sogar intensiver wirken kann, als ein eventueller, objektiv begründeter, starker Seelenschmerz. Dies aber ereignet sich, wenn wir in Erwartung einer unglücklichen Nachricht eine traurige Gewißheit der »aufreibenden« Ungewißheit vorziehen. In solchen Zuständen der Ungewißheit irrt gleichsam eine Vorstellung (diejenige der erwarteten Nachricht) zwischen zwei entgegengesetzten Apperzeptionen — einer bejahenden und einer verneinenden — ruhelos hin und her; und da sich keine derselben endgiltig vollzieht, hat die Seele keinen festen Punkt, auf den sie ihre Kräfte konzentrierend richten kann, und muß alle entwickelte Kraft resultatlos verschwenden. — Dies gilt mit gewissen Modifikationen auch vom Zweifel und von der Unklarheit. [4])

10. Die gegebenen Beispiele werden genügen, sozusagen das Gefühlsinteresse der Seele an der Kraftausgabe zu erhellen. Daß im allgemeinen das Gefühl durch Unlust die Kraftvergeudung genauer anzeigt, als — wie nun zu erwarten

ist — durch Lust die Kraftersparnis, liegt in denselben Verhältnissen begründet, welche uns die Wohltat der normalen organischen Verrichtungen weniger zu Bewußtsein bringen, als die Gefahr ihrer Störungen.

Das Walten des Prinzips des kleinsten Kraftmaßes nun innerhalb des Vorstellungslebens selbst zu betrachten, wird unsere nächste Aufgabe sein.

III.

11. Ein geistvoller neuerer Schriftsteller findet den Grund davon, daß in der Gedankenarbeit der Menschheit so außerordentlich viel Kraft — nach seiner Meinung — nutzlos verschwendet sei, in der Neigung der Menschen, zu systematisieren.[5]) Hiernach könnte diese Neigung als ein unzweckmäßiges Streben des entwickelteren Denkens erscheinen. Allein das ungünstige Urteil der »nutzlosen« Verschwendung gründet sich auf die Vergleichung der unermeßlichen Summe aufgewandter Kraft mit dem geringen Resultat gewonnener wahrer Einsicht, richtet sich also nach einem Maßstab, der außerhalb der psychologischen (bez. physiologischen) Bedingungen, unter denen die Seele überhaupt ihre Leistungen vollzieht, gelegen ist.

12. Betrachtet man die Neigung zum Systematisieren unter dem letzteren Gesichtspunkt, so zeigt sich gerade, daß in jedem System als System eine große Kraftersparnis eingeführt ist. Denn in der Systematisierung vollzieht sich eine Organisierung der Vorstellungsmassen, indem einem bevorzugten und besonders wichtigen Vorstellungskomplex eine zentrale Stellung im Bewußtsein verschafft und die anderen Vorstellungen in eigentümlichen Gliederungen um diese Zentralvorstellung gruppiert werden. Durch eine solche Anordnung der gesamten, vom theoretischen Interesse des Individuums umschlossenen Vorstellungen wird erstens eine Erhöhung des Bewußtseins von dem verfügbaren Vorstellungsvorrat und eine größere Orientierung in demselben erreicht. Sodann aber und namentlich sind hier alle Problemvorstellungen einheitlich gelöst, d. h. es wurde und wird zu ihrer Apperzeption nur Eine Vorstellungsgruppe — die Zentralvor-

stellung — verwendet, deren Reproduktion außerdem durch ihre günstige Stellung und häufige Anwendung immer leichter und selbstverständlicher wird. Ferner ordnet sich jedes etwa neu eintretende Problem bequem in eine verwandte Problemgruppe ein und findet, durch deren Beziehung zur Zentralvorstellung, von hier aus alsbald eine apperzeptive Lösung.

13. Endlich gewährt ein System durch seine wirkliche oder vermeintliche Vollständigkeit zugleich den Nutzen der Ruhe gegenüber allen etwa noch möglichen Spezialproblemen, und durch seine wirkliche oder vermeintliche Geschlossenheit die Vorteile des Sicherheitsgefühles, indem jede Folgerung aus der zugrundeliegenden Zentralvorstellung dazu dient, rückwirkend diese zu befestigen, alles mit allem zusammenhängt, alles einander trägt und unterstützt.

Dies sind sämtlich kraftersparende Momente.

IV.

14. Noch deutlicher läßt sich die erstrebte Kraftersparnis bei einer Klasse von Apperzeptionen beobachten, deren Anwendung auf einer Erwerbung beruht, welche die Seele mit dem leiblichen Organismus gemeinsam hat, und welche bei den verwendeten Begriffen von deren sonstigen speziellen Konstitution ganz abzusehen und dieselben nur als allgemein seelische Operationsmittel zu betrachten erlaubt, gerade wie es Gefühle, Wollungen, auch Bewegungen sind. Bei solchen — ich möchte sie die mehr physiologisch bestimmten Apperzeptionen nennen, beantwortet sich die Frage: warum die Seele gerade diese Vorstellung wähle, während eine andere, an und für sich genommen, denselben Dienst und vielleicht noch besser getan haben würde? — einfach dahin: die Seele wählt diese Vorstellung unter den möglichen, wie sie jenen Willensakt und jene Bewegungsaktion bevorzugt: aus G e w o h n h e i t.

15. Die Häufigkeit unserer Gewohnheitsapperzeptionen ist anerkannt; wir wählen zur Beurteilung von Dingen und Verhältnissen die Vorstellungen unserer Erziehung, unseres Berufes, unseres Standes und Standpunktes, weil wir gewohnt sind, mit diesen Vorstellungen zu apperzipieren. Der Grund

der Neigung, über die Dinge, die neuen wie die alten, so zu urteilen, wie man einmal zu urteilen gewohnt ist, die Ursache also der häufigen Gewohnheitsreaktionen liegt aber in dem Streben unserer Seele, eine aufgegebene Leistung mit dem geringsten Kraftmaß zu vollziehen. Die Gewohnheitsreaktionen sind die leichtesten, daher die Vorliebe der Seele für dieselben.

16. Die kraftersparende Wirksamkeit der Gewohnheit hat schon J. Fr. Fries erkannt, auf welchen in dieser Hinsicht neuerdings A. Horwicz mit Recht aufmerksam gemacht hat. Fries[6]) unterscheidet passive und aktive Gewohnheit; durch die erstere wird der Eindruck der äußeren Reize auf Geist und Körper abgeschwächt, durch die zweite wird die Vollziehung von körperlichen und geistigen Tätigkeiten erleichtert.[7]) Wir sehen sogleich, daß also die Zweckmäßigkeit der ersteren, der passiven Gewohnheit, sich in dem Umstand begründet, daß sie dazu beiträgt, die Seele von äußeren Einflüssen unabhängiger zu machen. Worin nun die Zweckmäßigkeit der Erleichterung bestehe, welche die aktive Gewohnheit der Seele verschafft, finden wir durch Fries treffend präzisiert (S. 167 f.): »Die innere Wirkung der Gewohnheit geht immer auf das Verhältnis der Reflexion zur Assoziation, auf das Verhältnis des logischen Gedankenlaufes zum gedächtnismäßigen. . . . Die Gewohnheit wirkt hier immer auf Zurückziehung des willkürlich tätigen Verstandes zu Gunsten der Assoziation. Alle Übung, alles Lernen besteht hier in einer Lenkung der Assoziation durch Gewohnheit nach Zwecken des Verstandes, wodurch seine unmittelbare Tätigkeit nach und nach aufgehoben wird. . . . . Ferner: die innere Wirkung der Gewohnheit auf unsere Tätigkeit beruht ganz augenscheinlich darauf, daß eine Tätigkeit uns mechanisch wird, daß wir in Rücksicht derselben keinen äußeren Anstoß brauchen, und nicht über das Einzelne derselben erst nachdenken dürfen, sondern daß sich alles gleichsam von selbst ergibt.«

17. Oder mehr in der Sprache der neueren Psychologie ausgedrückt: in einer gewohnheitsmäßigen Apperzeption werden 1. nicht mehr Vorstellungen zur Apperzeption heran-

gezogen, als nötig sind; 2. die geeigneten Vorstellungsmassen sogleich ergriffen, ohne erst durch Nachdenken (durch weitere, vermittelnde Apperzeptionen) gesucht zu sein; und endlich 3. werden die solcherart beschränkten und beschafften apperzipierenden Vorstellungsmassen nicht einmal in allen ihren Teilen zu vollem Bewußtsein gehoben, wie sich am deutlichsten bei der Ausführung komplizierter, aber gewohnheitsmäßiger Bewegungen zeigt — es wird auch der Intensität nach Bewußtsein gespart. — Das erste und letzte dieser drei Momente werden wir später noch einmal zu berühren haben.

18. Daß somit die Gewohnheit das Streben der Seele nach Kraftersparnis illustriere, wird uns noch deutlicher, wenn wir den Gegensatz des Gewohnten, das Ungewohnte, ins Auge fassen. Ich glaube kaum, daß jemand die Vorstellung »Ungewohntes« denkt, ohne einen wenn auch noch so leisen Anklang von Unlust in sich zu fühlen; jedenfalls fühlte er diese Unlust, wenn er Ungewohntes wirklich denken soll. Einfach, weil Ungewohntes denken ein ungewohntes Denken, d. h. ein das Gewohnheitsmaß überschreitendes Denken ist. Eine jede Vorstellung, welche nicht in dem System unserer bereits erworbenen, unter sich fest verbundenen Vorstellungen enthalten ist, und welche zu denken wir dennoch durch irgend welche Verhältnisse — sei es eine Entdeckung oder ein Gespräch oder ein neues Buch oder was immer — genötigt werden, läßt uns deutlich die Scheu oder Abneigung der Seele vor dem Ungewohnten empfinden, vor dem Zwang, neben dem Alten ein Neues zu denken. Ein solches Denken, eine solche Vorstellung ist uns »unbequem« und wir reagieren darauf mit Unlust, wie in den S. 13f. erwähnten Fällen unzweckmäßigen Kraftverbrauches.

19. Wie wir in diesem durch ein ungewohntes Denken verursachten Unlustgefühl eine passive Äußerung des Strebens der Seele nach Kraftersparnis erblicken dürfen, so erkennen wir dasselbe Streben — nach Seite der Energie — auch in dem Streben der Seele wieder, die unbequeme Vorstellung unschädlich zu machen. Und wiederum wird in

der Wahl der Mittel hierzu sich das Prinzip des kleinsten Kraftaufwandes nachweisen lassen.

Zunächst freilich scheint der Seele gar keine andere Wahl offen zu stehen, als die Entfernung der lästigen Vorstellung aus dem Bewußtsein. Diesen Effekt kann sie erreichen, indem sie sich bemüht, nicht weiter an die unbequeme Vorstellung zu denken, dieselbe zu vergessen. Allein, mag das Streben zu vergessen nun ein unwillkürliches oder ein willkürliches sein — der Erfolg tritt nur langsam ein und ist nie für die Daure gesichert. Jede neue Erinnerung würde die Seele nötigen, ihre Arbeit auch von neuem zu beginnen. Somit genügte das Mittel des Vergessens dem Prinzip der Zweckmäßigkeit nur unter solchen Umständen, welche einen anderen Weg der Entlastung nicht zulassen. Das ist z. B. beim Tod geliebter Personen der Fall; hierbei freilich handelt es sich auch nicht um theoretische Vorstellungen.

20. Im theoretischen Denken hat die Seele in der Tat noch ein Mittel, schneller die geforderte Mehrleistung wenigstens annähernd oder möglichst annähernd auf das gewohnheitsmäßige Kraftmaß zu reduzieren: sie nimmt die gebotene Vorstellung auf, verwandelt aber das, was an derselben das Ungewohnte ist, in Gewohntes. Mit anderen Worten: sie führt, mit Hilfe der Assoziationen, das Neue auf Altes, das Fremde auf Geläufiges, das Unbekannte auf Bekanntes, das Unbegriffene auf solches zurück, was bereits als Begriffenes unser geistiges Besitztum bildet. Jetzt erfordert das Denken einer neu hinzugetretenen Vorstellung keinen erheblicheren Kraftaufwand, denn sie denkt es vermittelst der altgewohnten Vorstellungen — und indem sie mit ihren gewöhnlichen Vorstellungen es denkt, vollzieht sie mit den gewöhnlichen Mitteln eine größere Leistung: hier ist also in höherem Grade dem Prinzip des geringsten Kraftaufwandes genügt.[8]) Und wirklich wählt die Seele innerhalb des theoretischen Denkens nur da, wo es ihr nicht gelingt, Unbekanntes auf Bekanntes, Unbegriffenes auf Begriffenes zurückzuführen, notgedrungen den in seinem Resultat zweifelhaften, aber allein noch offenstehenden Ausweg: zu vergessen oder zu ignorieren.

21. So haben wir denn die Wurzel des theoretischen Apperzeptionsprozesses, von dem wir ausgingen, um an ihm das Prinzip der Zweckmäßigkeit innerhalb der theoretischen Tätigkeit der Seele zu demonstrieren, selbst in dem Prinzip des kleinsten Kraftaufwandes gefunden. Das Streben zu apperzipieren ist nichts als das Streben der Seele nach Kraftersparnis.

V.

22. Wenn wir anerkennen müssen, daß die Wurzel der theoretischen Apperzeptionen im Prinzip des kleinsten Kraftmaßes liege, so werden wir auch erwarten dürfen, daß sich in der Ökonomie der Apperzeptionsmassen selbst ein Einfluß des genannten Prinzips werde nachweisen lassen. In welcher Richtung derselbe zu suchen, kann nicht zweifelhaft sein, nämlich in einer Beschränkung der apperzipierenden Masse auf diejenigen Vorstellungen, welche zur Apperzeption ausreichen. Das Streben der Seele, die zum Zwecke Einer Apperzeption auszuführende Reproduktion von Vorstellungen auf das relativ geringste Maß zu beschränken, tritt uns, zu mehr oder minder wissenschaftlichem Bewußtsein entwickelt, entgegen in dem Bedürfnis nach Einheit und in der Forderung der Vermeidung alles Überflüssigen. Jenes Bedürfnis geht hervor aus der Abneigung, das auf zwei Weisen zu tun, was sich auf eine verrichten läßt; diese Forderung aus dem Widerstreben, Mittel in Bewegung zu setzen, die nichts zur Erreichung eines bestimmten Zweckes beitragen.

23. Mehr instinktiv noch macht sich die Beschränkung der Apperzeptionsmassen in den Fällen geltend, in welchen die Sprache unwillkürlich als Mittel der Präzisierung verwendet wird. Je mangelhafter begrenzt und unterschieden nämlich eine Vorstellungsmasse ist, welche durch ein Wort ausgedrückt wird, je mehr werden auch bei Nennung des Wortes Vorstellungen mitgedacht, welche gar nicht mitgedacht werden sollten. Es muß mithin das Bedürfnis nach Kraftersparnis (welches hier mit dem Bedürfnis schnelleren und leichteren Verständnisses zusammenfällt) zu Vorkehrungen führen, welche die durch einen Laut angeregten Vorstellungsmassen auf diejenigen Vorstellungen reduzieren, welche zu

der bezweckten Apperzeption verlangt werden. Solche Reduktionsmittel haben sich nach zwei Seiten entwickelt. Auf der einen Seite behält zwar der Laut seine Vorstellungsmannigfaltigkeit, aber in jeder Anwendung wird diese durch eine zweite Vorstellungsgruppe determiniert, welche vermöge eines zweiten hinzugefügten Lautes mit der ersteren Vorstellungsmasse verbunden wird. Inwiefern sich diese ursprünglich an den Wurzeln vollzogene Determination je nach der Höhe der Entwicklungsstufe einer Sprache auch immer zweckmäßiger gestaltet, ist hier nicht der Ort auszuführen. Um jedoch von dem Prozeß dieser Determinierung selbst eine allgemeine Anschauung zu geben, möge hier eine Stelle aus einer kleinen Schrift Aug. Schleichers angeführt werden:*) »Das, wovon alle Sprachen ihren Ausgang genommen haben, waren Bedeutungslaute, einfache Lautbilder für Anschauungen, Vorstellungen, Begriffe, die in jeder Beziehung, d. h. als jede grammatische Form fungieren konnten, ohne daß für diese Funktionen ein lautlicher Ausdruck, sozusagen ein Organ, vorhanden war. Auf dieser uraltesten Stufe sprachlichen Lebens gibt es also, lautlich unterschieden, weder Verba noch Nomina, weder Konjugation noch Deklination u. s. f. Versuchen wir dies wenigstens an einem einzigen Beispiele anschaulich zu machen. Die älteste Form für die Worte, die jetzt im Deutschen Tat, getan, tue, Täter, tätig lauten, war zur Entstehungszeit der indogermanischen Ursprache *dha*, denn dies *dha* (setzen, tun bedeutend, altindisch *dha*, altbaktrisch *da*, griechisch θε, litauisch und slawisch *de*, gotisch *da*, hochdeutsch *ta*) ergibt sich als die gemeinsame Wurzel aller jener Worte .... In etwas späterer Entwicklungsstufe des Indogermanischen setzte man, um bestimmte Beziehungen auszudrücken, die Wurzeln, die damals noch als Worte fungierten, auch zweimal, fügte ihnen ein anderes Wort, eine andere Wurzel, bei; doch war jedes dieser Elemente noch selbständig. Um z. B. die erste Person des Präsens zu bezeichnen, sagte man *dha dha ma*, aus welchem im späteren Lebensverlaufe der Sprache durch Verschmelzung der Elemente zu einem Ganzen und durch die hinzutretende Veränderungsfähigkeit der Wurzeln *dhadhâmi* (altind. *dádhâmi,* altbaktr. *dadhâmi,* griech. τίθημι, althochdeutsch *tôm, tuom* für *tëtômi,* neuhochdeutsch *tue*) hervorging. In jenem ältesten *dha* ruhten die verschiedenen grammatischen Beziehungen, die verbale und nominale samt ihren Modifikationen noch ungeschieden und unentwickelt, wie solches sich bis jetzt bei den Sprachen beobachten läßt, die auf der Stufe einfachster Entwicklung stehen geblieben sind.« — Dies ist die eine Richtung, in welcher die apperzipierenden bez. zu apperzipierenden Vorstellungsmassen durch die Sprache determiniert und präzisiert werden.

24. Nach der anderen Richtung vollzieht sich diese Determinierung dadurch, daß die Vorstellungsmasse, welche früher ungeteilt zu einem oder mehreren Wörtern gehörte, sich im Laufe der Entwicklung spaltet und sich zu einem Teile dem einen, zum anderen Teile einem anderen Worte zuordnet, mithin sich an jedes differente Wort auch eine feiner differenzierte und präziser begrenzte Apperzeptionsmasse anschließt. L. Geiger, welcher als historische Beispiele u. a. der und die See, Bett und Beet anführt, bemerkt mit Recht, daß die Neigung zur Schaffung von Sonderbedeutungen noch heute wirksam sei.[10])

25. Aus dem Gesagten erhellt übrigens zugleich zu einem, wenn auch geringen Teil, warum die Sprache als ein so außerordentlich zweckmäßiges und kraftersparendes Besitztum wirkt. Auch der nächstfolgende Abschnitt wird zu dieser zweckmäßigen Wirksamkeit einen Beleg bringen. Dem Prinzip des kleinsten Kraftmaßes gehorchend haben wir die Sprache uns unverlierbar angeeignet, und diesem Prinzip gemäß entwickelt sie sich auch selbst.[11])

VI.

26. Werfen wir nunmehr einen Blick auf die theoretischen Apperzeptionen hinsichtlich ihrer Leistung. Ihre Entstehung verdankten sie dem Bedürfnis, das Denken zu entlasten; von zwei entlastenden, einen gleichen Kraftaufwand repräsentierenden Vorstellungen wird aber jene am meisten dem Prinzip der Zweckmäßigkeit genügen, welche mit der Entlastung eine weitere — eine Mehrleistung verbindet. Eine solche Mehr-

leistung findet sich in denjenigen theoretischen Apperzeptionen, welche ein Begreifen bewirken; und wie das feiner entwickelte Bewußtsein immer empfindlicher auf eine zweckmäßige bez. unzweckmäßige Kraftverwendung mit den entsprechenden Lust- und Unlustgefühlen reagiert, so entwickelt es auch immer mächtiger und lebendiger den Trieb zu begreifen, und die Macht dieses Triebes illustriert die Bedeutung, welche das Prinzip des kleinsten Kraftmaßes im höher entwickelten Denken gewinnt: denn in diesem Prinzip wurzelt ja der Trieb zu begreifen, wie alles Streben nach theoretischer Apperzeption.

27. Um uns indes die Funktion der theoretischen Apperzeption des Begreifens zu klarerer Einsicht zu bringen, weisen wir auf ihren Unterschied von der anderen theoretischen Apperzeption, dem Wiedererkennen, hin. Beide Apperzeptionen haben die Aufgabe, ein Unbekanntes in ein Bekanntes umzuwandeln, indem sie das Unbekannte mit einem Bekannten auffassen. Die auffassende Vorstellung aber, welche das Bekannte enthält, kann zweierlei Art sein: eine Besonderheit oder eine Allgemeinheit, eine Einzelvorstellung oder ein Begriff. In der Auffassung durch die Einzelvorstellung wird die aufzufassende mit der auffassenden Vorstellung völlig gleichgesetzt; in der Auffassung durch einen allgemeinen Begriff die aufzufassende Vorstellung der auffassenden relativ untergeordnet. Im ersten Fall – und hier findet sich das Wiedererkennen — wird zu der aufzufassenden Vorstellung kein näherer oder reicherer Inhalt hinzugebracht; wohl aber geschieht das im anderen Fall, in der Bestimmung des Besonderen durch das Allgemeine. Zu dieser zweiten Art Apperzeption gehört nun das Begreifen.[12]) Durch diese Inhaltsvermehrung, welche die aufzufassende Vorstellung — ohne Vermehrung des Kraftaufwandes — durch den allgemeinen Begriff erfährt, drückt das Begreifen vorwiegend das theoretische Verhalten der Seele aus: es ist sozusagen die theoretische Apperzeption *par excellence*.

28. Daß es aber auch die theoretische Apperzeption *par préférence* sei, ergibt sich aus der vorzüglicheren Weise, in welcher das begriffliche Apperzipieren eben dem Prinzip des kleinsten Kraftmaßes genügt. Der allgemeine Begriff erfüllt

nicht allein die Aufgabe, die gegebene Objektsvorstellung ohne wesentlich höheren Kraftaufwand mitzudenken und sogar ihren Inhalt zu bereichern, sondern er dehnt seine Wirksamkeit zugleich auf eine weitere Reihe solcher Vorstellungen aus, welche mit der Objektsvorstellung gleicher oder wenigstens ähnlicher Art sind. Nicht nur der ganze Inhalt, wodurch begriffen wird, sondern auch alle Objekte, auf welche dieser begreifende Inhalt bezogen werden kann, wird im Bewußtsein bewegt. In dem Beispiel, welches wir S. 12 Steinthal entlehnt hatten, wird mit dem allgemeinen Begriffe »Tier« nicht nur der ganze Inhalt dieses Begriffes, sondern auch unsere Erinnerungen an alle Wesen, die dem soeben begriffenen ähnlich waren, ja sogar Vorausnahmen solcher Objektsvorstellungen werden mitgedacht: »Wenn ich nun so etwas wiedersehe, werde ich auch sogleich wissen, was es ist.«

29. Diese außerordentliche Reichhaltigkeit und Vielseitigkeit der begrifflichen Apperzeption wird dadurch ermöglicht, daß die Seele das Bewußtsein der Intensität nach verschieden auf die Vorstellungen verteilt. Da nämlich die Produktion von Bewußtsein keine unbegrenzte, sondern auf ein gewisses Maß beschränkt ist, so hat die Seele nur ein Mittel, die Anzahl der Vorstellungen selbst ins Unbestimmte zu vermehren, nämlich den Vorstellungen eine immer geringere Intensität zuzuerteilen: sie denkt mit demselben Maß Bewußtsein mehr Vorstellungen, wenn sie dieselben mit geringerer Bewußtseinsintensität denkt. Diese Sparsamkeit mit dem Bewußtsein haben wir bereits bei der Gewohnheit gefunden und darin ein Moment erblickt, wodurch die Seele dem Prinzip des kleinsten Kraftmaßes genüge.[13])

In solchen Fällen, wie beim theoretischen Denken, wo es der Seele neben der Bestimmung an dem Reichtum der Vorstellungen liegt, wird also das Prinzip der Zweckmäßigkeit die Forderung an sie stellen, lieber viel schwächer bewußte Vorstellungen, diese aber in großer Reichhaltigkeit zu erzeugen. Das begriffliche Denken ist es nun, welches dieser Forderung genügt; hier begegnet sich der Satz der Logik, daß der Inhalt eines Begriffes im umgekehrten Verhältnis zu seinem Umfang steht, mit dem Satz der Psychologie, daß sich die Intensität der Vorstellungen umgekehrt wie ihre Menge verhält. [14])

VII.

30. Wie wir nun das Begreifen das vorzügliche und eigentliche theoretische Verhalten der Seele nannten, so möchten wir unter den Wissenschaften diejenigen in besonderem Sinne »Wissenschaft« nennen, deren Aufgabe es ist, uns die auf den verschiedenen Erfahrungsgebieten gegebenen Erscheinungen begreiflich zu machen — im Gegensatz zu den anderen Wissenschaften, welche sie uns nur aufzeichnen und beschreiben. Doch kommt es uns hier nicht darauf an, den Unterschied der Disziplinen abzuschätzen; wir wollten zuvörderst nur das Dasein solcher Wissenschaften konstatieren, welche dem Triebe zu begreifen ihre Entstehung und Entwicklung verdanken.

31. Sodann wollten wir an diese Tatsache die Frage knüpfen: ob die eine Wissenschaft, die sich so stolz die »Wissenschaft der Wissenschaften« genannt hat, ob die Philosophie in den Kranz derer gehört, deren Aufgabe ist: zu begreifen.

Die Philosophie ist noch nicht dahin gekommen, diese erste, scheinbar so einfache und so selbstverständliche Frage endgültig beantwortet zu haben. Wie sollten wir auch einen allgemein anerkannten Begriff der Philosophie aufweisen können, da wir noch immer keine Philosophie, sondern nur Philosophieen besitzen? Auch beabsichtige ich im geringsten nicht, nun selbst die aufgeworfene Frage hier oder überhaupt endgültig entscheiden zu wollen; wenn ich auch nicht vermeiden kann, daß die folgenden Blätter eine individuelle Behandlung und Beantwortung der Frage wenigstens nach einer Seite hin mit sich führen werden. Als ich oben die Frage stellte, ging ich nicht auf ihre logische Erledigung aus; ich hatte die Eventualität einer historischen Beantwortung im Auge, und eine solche kann in der Tat gegeben werden. Und daß sie in bejahendem Sinne ausfallen werde, kann niemand zweifelhaft sein, der die Geschichte der Philosophie noch so oberflächlich kennt. Wie immer jedes System seine Aufgabe näher bestimmt hat, es ging auf ein Begreifen aus; und selbst die philosophischen Untersuchungen, welche sich mit der Kritik der Begreifbarkeit der Welt u. s. w. beschäftigten, geben nur ein indirektes Zeugnis ab von der allgemeinen Richtung der Philosophie eben auf das Begreifen.

32. Und somit fänden wir denn in dem Prinzip des kleinsten Kraftmaßes wie im allgemeinen den Grund aller theoretischen Apperzeptionen, alles Triebes zu begreifen und aller begreifenden Wissenschaften, so im besonderen auch die Wurzel der Philosophie.

B.

Die Aufgabe der Philosophie.

I.

33. Die Zweckmäßigkeit des Begreifens beruhte, wie sich in unserer bisherigen Entwicklung ergab, in zweierlei: insofern es überhaupt eine theoretische Apperzeption ist, in der Zurückführung eines Unbekannten auf ein Bekanntes; insofern es speziell eine begriffliche Apperzeption ist, in der Subsumtion unter einen allgemeinen Begriff. Allein diese beiden Momente enthalten nicht nur den Grund der Zweckmäßigkeit des Begreifens, sondern sie bilden zugleich die Bedingungen des Begreifens selbst, die beiden unumgänglichen Erfordernisse, welche vorhanden sein müssen, wenn überhaupt ein Begreifen zustande kommen soll. Ein Bekanntes und ein allgemeiner Begriff sind eben die Mittel oder Werkzeuge oder Faktoren, durch deren Wirken ein Begreifen erzeugt wird. Wo Eines derselben völlig fehlt, mögen immerhin seelische Prozesse in reichster Fülle entstehen, derjenige des Begreifens kann nicht unter ihnen sein.

34. Damit sind denn auch in einfachster Weise die Grenzen des Begreifens bestimmt, wenigstens vorläufig und soweit wir deren Bestimmung für unseren Zweck brauchen: vorausgesetzt; daß eine Vorstellung vorhanden ist, welche als bekannt gilt, werden die Grenzen unseres Begreifens so weit reichen, als unsere entsprechenden Begriffe reichen. Diese reichen aber hinab bis an den sozusagen absolut einfachen Begriff bez. den Begriff des absolut Einfachen — und hinauf reichen sie bis zu dem sozusagen absolut allgemeinen Be-

griff bez. dem Begriff des absolut Allgemeinen. Beim ab solut einfachen Begriff findet das Begreifen seine (untere) Grenze, weil sich unter einen solchen Begriff kein einfacherer mehr subsumieren läßt; und bei dem absolut allgemeinen Begriff erreicht das Begreifen seine (obere) Grenze, weil es keinen allgemeineren Begriff mehr geben kann, unter welchen der absolut allgemeine Begriff subsumiert werden könnte. Daher betrachten alle Wissenschaften, welche auf ein Begreifen abzielen, ihre Aufgabe als erfüllt, wenn sie ihre Materie einerseits in die einfachsten Bestandteile begrifflich aufgelöst, andererseits diejenigen Begriffe aus ihr abgeleitet haben, welche am völligsten die Gesamtheit der Erscheinungen umfassen: das sind die allgemeinsten Begriffe und die höchsten Gesetze.

35. Denn auch die Gesetze sind begriffliche Apperzeptionen; nur beziehen sie sich nicht, wie die Begriffe im engeren Sinne, auf die Eigenschaften gleichartiger Dinge, sondern auf die Eigenschaften gleichartiger Vorgänge.[11]) Daher stellt das Suchen nach Gesetzen genau dasselbe Streben zu begreifen dar, wie das Streben, in Begriffen zu denken, und hat, wie dieses, seine Wurzel im Prinzip des kleinsten Kraftmaßes. Daher hat auch, wie wir gleich hier anmerken können, das Gesetz keine andere objektive Gültigkeit, als der Begriff, und beider objektive Gültigkeit beruht nur auf der Erfahrung der unter ihnen subsumierten Einzeldinge und Einzelvorgänge.

36. Begriff und Gesetz können ihre Funktion, Einzelvorstellungen — mögen diese nun Dinge oder Vorgänge enthalten — unter sich zu befassen (zu subsumieren) nur dadurch vollziehen und somit dem Prinzip der Kraftersparnis so hervorragend genügen, daß sie von den Einzelvorstellungen das in sich aufnehmen und sammeln, was diesen gemeinsam ist. Durch diese Zusammenfassung des Gemeinsamen stellen sie dann eine Einheit dar, welche als begriffliche die materiale Einheitlichkeit der Einzelvorstellungen (Dinge und Vorgänge) repräsentiert. Wie nun die Einzelvorstellungen in dem allgemeinen Begriff bez. dem Gesetz ihre Einheit finden, so die niedereren allgemeinen Begriffe und Gesetze

wieder ihre Einheit in höheren, allgemeineren Begriffen und Gesetzen; an der Spitze stehen dann die höchsten und allgemeinsten Begriffe und Gesetze, welche die höchsten Einheiten enthalten — das Allgemeinste unter sich befassen. So zeigt sich denn das Prinzip des kleinsten Kraftmaßes, indem es die Wurzel des Triebes zu begreifen ist, nun auch als die Wurzel alles Strebens nach Einheit überhaupt, nach höherer Einheit insbesondere.

37. Daher widerspricht denn auch die Vorstellung einer Mehrheit von höchsten Einheiten noch immer unserem Prinzip; dem feiner entwickelten Gefühl ist diese Mehrheit noch immer eine mit intellektueller Unlust empfundene Belastung des Bewußtseins. Beweis davon ist die Geschichte der Entwicklung des menschlichen Denkens, welche trotz aller Enttäuschungen ein immer neues Ringen nach dem einen Ziele aufweist: die Zahl jener höchsten Einheiten mindestens auf zwei — die zwei womöglich auf eine zurückzuführen.[16])

II.

38. Aus unserer Entwicklung ergibt sich von selbst, was der Inhalt der gesuchten Einen höchsten Einheit im Gebiet des theoretischen Denkens sein müsse: das Gemeinsame alles dessen, was uns in der Erfahrung gegeben ist. Der Inhalt der höchsten Einheit, des allgemeinsten Begriffes, muß sich mit Notwendigkeit auf das Allgemeinste und daher auf die Gesamtheit des Seienden beziehen.

39. Es ist hier nicht die Stelle, zu untersuchen, ob es eine solche höchste Einheit gibt, oder mit anderen Worten: ob dieser Forderung, daß der höchste Begriff das Gemeinsame alles in der Erfahrung Gegebenen zu enthalten habe, nun auch das gesamte Gegebene dadurch entspricht, daß es selbst wirklich ein gemeinsames Materiale enthält. Wir haben hier nur das Streben nach einer höchsten Einheit angeführt, weil darin zugleich das Streben involviert liegt, die Gesamtheit begreifend zu denken. Wir hätten dieselbe Tatsache schließlich auch dem Dualismus entnehmen können, denn seine Teilung der Welt in zwei nicht mehr zu versöhnende Gegensätze beweist immerhin gleichfalls ein auf die Gesamt-

heit gerichtetes Denken; aber es schien uns, daß das Streben nach letzter, höchster und einziger Einheit jenes Streben, die Gesamtheit begreifend zu denken, evidenter ausdrücke.

40. Wenn wir uns nun umsehen, wo dies auf die Gesamtheit gerichtete Denken seine wissenschaftliche Entwicklung gefunden habe, so liegt auf der Hand, daß wir nicht bei denjenigen Disziplinen danach suchen dürfen, welche sich mit der Erforschung einzelner Teile, Zweige oder Seiten des in der Erfahrung Gegebenen beschäftigen. Wir werden vielmehr das Vorhandensein eines besonderen wissenschaftlichen Denkens erwarten, welches — im Gegensatz zu den Einzelwissenschaften im engeren Sinne — die wissenschaftliche Erfassung der Gesamtheit als seine eigentümlich Aufgabe betrachtet. Dies wissenschaftliche Denken würde sich mithin von den Einzelwissenschaften durch den Umfang eines Objektsbegriffes zwar unterscheiden, durch den Inhalt desselben aber zu diesen in der allerinnigsten Verbindung stehen; denn dieser Inhalt muß sich, seiner Entstehung nach, in den Gegenständen der betreffenden Einzelwissenschaften, wenn auch nur in ganz unbestimmter Form, wiederfinden, und muß, als allgemeinster Begriff, das besondere Begreifen der Einzelwissenschaften zu einem allgemeinsten erheben.

41. Ein solches auf die Gesamheit gerichtete wissenschaftliche Denken existiert in der Tat; nach dem Zeugnis der Geschichte ist es die Philosophie.

Indem wir zugleich uns erinnern, daß dies auf die Gesamtheit gerichtete Denken in Begriffen und zum Zwecke eines Begreifens geschieht, und daß ferner dies begriffliche und begreifende Denken durch das Prinzip des kleinsten Kraftmaßes bestimmt ist, dürfen wir also nach dem Gesagten die Philosophie als das wissenschaftlich gewordene Streben auffassen, die Gesamtheit des in der Erfahrung Gegebenen mit dem geringsten Kraftaufwand zu denken.

42. Die Gesamtheit aber des in der Erfahrung Gegebenen, bez. dessen, was in einer Erfahrung überhaupt gegeben werden kann, nennen wir die Welt: mithin fassen wir Philosophie als Denken der Welt gemäß dem Prinzip des kleinsten Kraftmaßes.

Zweiter, ausführender Teil.

A.
Die Methode der Philosophie.

I.

43. Wenn unsere Untersuchung einerseits die Philosophie — ihrer Aufgabe nach — an das Ende der Reihe der Wissenschaften stellt, insofern die Philosophie zu ihrer eigenen Arbeit die Herausbildung und Ausbildung der Einzelwissenschaften voraussetzt, so muß unsere Erwägung andererseits, in Übereinstimmung mit dem Zeugnis der Geschichte, der Philosophie den der Zeit nach ersten Platz zuerkennen. Auch das folgt aus ihrem Wesen: da die allgemeinsten Begriffe die Vorstellungen aller Einzeldinge unter sich subsumieren lassen, mithin das Begreifen aller Einzeldinge ermöglichen, so ist dem Trieb zu begreifen am schnellsten und einfachsten genügt, wenn sich das Denken der allgemeinsten Begriffe bemächtigt, welche es aber nur gewinnen kann, indem es sich auf die Gesamtheit der gegebenen Einzeldinge richtet; folglich muß sich das Denken zuerst eben dieser Gesamtheit zuwenden und die Philosophie, gemäß der Forderung des Prinzips des kleinsten Kraftmaßes, an die Spitze der Entwicklung des begreifenden Denkens treten. Gemäß demselben Prinzip geschieht dann auch die Weiterentwicklung der Philosophie, insofern diese Weiterentwickelung eine immer umschränktere Determinierung bedeutet und diese Determinierung unter dem Prinzip des

kleinsten Kraftmaßes steht. Ein Blick auf diesen Prozeß wird uns für den Fortgang unserer Untersuchung von Nutzen sein, auch wenn wir ihn, uns einem anderen Zwecke zuwendend, vorwiegend von einem anderen Gesichtspunkte aus tun werden.

44. Dieser Determinierungsprozeß wird sich zuvörderst durch die Forderung einleiten, daß sich die Begriffe der Einzeldinge auch wirklich unter den aufgestellten allgemeinen Begriff subsumieren lassen. Der betreffende Begriff kann aber seine geforderte allgemeine Gültigkeit immer nur an der Allgemeinheit des Gemeinschaftlichen aller Einzeldinge, welche unter ihn subsumiert werden sollen, ermessen. Sobald daher ein allgemeiner Begriff aufgestellt ist, müssen die Einzeldinge, um unter ihn subsumiert werden zu können, daraufhin geprüft werden, ob sich der Inhalt des allgemeinen Begriffes in ihnen auch wiederfinde. Das ist der eine Weg zu einem gültigen allgemeinen Begriff zu gelangen; der andere ist, zuvörderst die Einzeldinge zu erforschen, um in ihnen das Gemeinsame zu finden, dessen sodann bewirkte begriffliche Fassung den gesuchten höchsten Begriff ergibt. Beide Wege — und man wird nie ausschließlich nur einen gegangen sein — können also die Notwendigkeit nicht umgehen, um ein höchstes, allgemeinstes Begreifen zu ermöglichen, ein speziales auszubilden. Der Zweck dieser Spezialforschung kann für die Philosophie immer nur der Hilfsdienst sein, die Aufstellung eines allgemeinen Begriffes als gültigen vorzubereiten oder die Gültigkeit eines aufgestellten zu kontrollieren. Hiermit hat nun aber die Differenzierung des wissenschaftlichen, begreifenden Denkens und durch diese Differenzierung auch die Auflösung in Spezialwissenschaften begonnen.

45. Noch zwar ist das Verhältnis der letzteren zur Philosophie ein doppeltes, beruhend in der Einheit der Person des Denkers und in der Einheit des Zweckes, der in ihrem soeben erwähnten Hilfsdienst besteht. Aber alsbald wird das erstere zu einem zufälligen. Der Philosoph kann das Studium der Spezialwissenschaften nur solange in sich vereinen, als seine Kraft ausreicht, diese zu beherrschen; sowie die Entwicklung der einzelnen Forschungsgebiete diese der Beherrschung einer

Kraft entzogen hat, muß Arbeitsteilung eintreten, und der Spezialforscher nimmt ein Gebiet nach dem anderen in Anspruch, dessen Bearbeitung früher Aufgabe des Philosophen war. Hierdurch wird nun die Aufgabe des Philosophen determiniert; aber zugleich auch der eigentliche Arbeitsbezirk der Philosophie: es ist jetzt nicht mehr notwendiges Erfordernis der Philosophie als solcher, jene Wissenschaften selbst auszubilden, welche zu ihr zwar im Verhältnis der Hilfswissenschaften stehen, sich aber von ihr losgelöst haben. In dieser Richtung muß sich also die Aufgabe der Philosophie immer mehr und mehr determinieren, je mehr sich Spezialforschungen von ihr zu selbständiger Entwicklung ablösen; der Umstand, daß zu einer gegebenen Zeit es der »Philosoph« ist, der eine Spezialwissenschaft als Hilfswissenschaft treibt, darf nie ein Kriterium abgeben sollen, daß deshalb die Pflege jener Spezialwissenschaft Aufgabe der Philosophie sei. Wie für die Naturwissenschaften schon längst die Zeit gekommen ist, nicht mehr in den Bereich der Aufgabe der Philosophie zu fallen, wie in unseren Tagen die Psychologie mehr und mehr aus dem Bereich dieser Aufgabe heraus- und in den der Naturwissenschaften hineintritt — so ist es nur in einem höheren Sinne zufällig, daß etwa Logik und Ethik, Völkerpsychologie und Ästhetik noch der »Philosophie« zufallen: alle sind sie im besten Fall nur philosophische Hilfswissenschaften, welche ebensowenig dadurch zur Philosophie werden, daß sie heute noch der »Philosoph« behandelt, als die Naturwissenschaften dadurch, daß sie der »Philosoph« nicht mehr als solcher weiterführt, aufgehört haben, philosophische Hilfswissenschaften zu sein. Durch diese allmähliche Verselbständigung und Loslösung aller dieser Spezial- und Hilfswissenschaften wird die geschichtliche Wissenschaftsentwicklung endlich bewußterweise die Aufgabe der Philosophie als solcher einfach dahin determinieren müssen, wovon diese selbst instinktiv ausging: auf das Problem des Begreifens der Gesamtheit, im Gegensatz zu allem speziellen Begreifen.

46. Das Resultat dieses Determinierungsprozesses fällt zunächst mit demjenigen zusammen, mit welchem wir die Erwägungen des vorhergehenden Abschnittes beschlossen.

Doch tritt jetzt in der dortigen Formulierung der Aufgabe der Philosophie eine inhaltliche Determinierung hervor, welche allerdings schon immer in unserer Entwicklung involviert lag, und welche daher auch kaum eine Abänderung des Äußeren jener Formulierung benötigen wird.

Das Denken der Gesamtheit der Einzeldinge differenziert sich nämlich in zwei verschiedenen Formen, je nachdem in der Gesamtheit gedacht wird eine Zusammenfassung der Einzeldinge zu einem allgemeinen Begriffe, welcher das allen Einzeldingen Gemeinsame enthält, oder eine Zusammenfügung zu einer anschaulichen Vorstellung von einem Weltganzen, welches durch zeitliche Entwicklung zu dem geworden ist, als was es uns heute erscheint. In ersterer Denkweise ist der gewonnene Begriff das Mittel, ein allgemeines Begreifen aller Einzeldinge zu ermöglichen; in der anderen die anschauliche Vorstellung ein Objekt, welches nach naturwissenschaftlichen Prinzipien selbst begriffen werden soll. Es kann nach unserer Darlegung nicht zweifelhaft sein, daß — wenigstens wenn unser Standpunkt nicht trügt — sich die Aufgabe der Philosophie nur auf die erstere Zusammenfassung determiniere, während die letztere als Kosmologie der Naturwissenschaft reserviert werden müsse. Der philosophische Begriff enthält die Welt nur in der abstrakten Form des Gemeinsamen aller Einzeldinge, die Naturwissenschaft aber als Einzelding selbst, welches eine konkrete und gewissermaßen historische Form der Gestaltung jenes Allgemeinsten darstellt.

IIa.

47. Nachdem wir gesehen haben, welcher Art die Entwicklung der Philosophie die Aufgabe derselben im allgemeinen determiniere, wollen wir unser Augenmerk auf die Faktoren richten, durch welche die Philosophie ihr Problem, das begreifende Denken der Gesamtheit, zu lösen hat. Wir hatten bereits früher als zwei wesentliche Elemente allen Begreifens das Vorhandensein eines bekannten und eines allgemeinen Begriffs erforderlich gefunden. Sehen wir zuerst, wie sich der Begriff des Bekannten in der Entwicklung des wissenschaftlichen Denkens determiniert.

Was das Bekannte in den Prozeß des Begreifens einführte, war seine kraftersparende Funktion als Gewohntes, mithin seine sozusagen physiologische Seite, die es neben der psychologischen — als Bestandteil unseres Bewußtseins — hat. Solange die Tradition das Begreifen beherrscht, geschieht dasselbe durch Gewohnheitsvorstellungen, denn die traditionellen Vorstellungen sind eben dadurch Gewohnheitsvorstellungen; und die Tradition, d. h. die Gewohnheit (in zweiter Linie die auf ihr basierte Instanzenmasse) entscheidet für die Gültigkeit einer begrifflichen Apperzeption. Auch werden die traditionellen allgemeinen Begriffe von solcher Art und Breite sein, daß sich die Vorstellungen der Einzeldinge darunter subsumieren lassen; dies um so mehr, als die Einzeldinge im Anfang ihre theoretischen Bestimmungen zum großen Teil ja aus den allgemeinen Begriffen beziehen, und nicht umgekehrt. Sobald sich im Laufe der geistigen Entwicklung die Begriffe der Einzeldinge differenzieren und damit Merkmale aufweisen, welche ihre Subsumtion unter die Gewohnheitsvorstellungen hindern, muß auch eine Differenzierung des theoretischen Denkens eintreten, d. h. es muß neben dem stabilen traditionellen Begreifen sich ein fortschreitendes wissenschaftliches ausbilden, welchem die Gewohnheit nicht mehr als Maßstab der Gültigkeit der Begriffe gilt. Hierdurch wird für das wissenschaftliche Denken die Verwendung des Bekannten nach seiner anderen, der psychologischen Seite determiniert.

48. Dieses Aufgeben der Gewohnheitsvorstellungen als wenn auch unbewußte Richtschnur des Begreifens scheint freilich auf den ersten Blick unserem Prinzip des kleinsten Kraftmaßes zu widersprechen; doch geschieht dies in der Tat nur scheinbar, denn für das (zunächst individuelle) Denken, welches die bequemen traditionellen Vorstellungen preisgibt, haben diese eben nicht mehr die Vorteile der Gewohnheitsvorstellungen: die Gezwungenheit der Subsumtion sowohl, als der lästig empfundene Widerspruch wirken gerade kraftverzehrend, und das Denken muß, um anhaltender Kraftverschwendung vorzubeugen, durch eine zeitweilige Mehranstrengung eine neue Vorstellung suchen, in der es ruhen könne.

Mithin geschieht die Aufgabe der ehemaligen Gewohnheitsvorstellungen gerade gemäß unserem Prinzip der Kraftersparnis, und bewirkt dieses, insofern es einer künftigen Ruhe eine zeitweilige Mehrleistung darbringt, auch hier die Weiterentwicklung.[17])

49. Mit der Determinierung des wissenschaftlichen Begreifens auf die Verwendung des Bekannten nach seiner psychologischen Seite ist der Determinierungsprozeß aber noch nicht beendet. Die psychologische Seite des Bekannten bestand darin, daß es ein Besitztum des Bewußtseins, einen Teil des Gewußten, des Wissens ausmacht, daß es überhaupt gekannt ist. Nach seiner psychologischen Seite ist das Bekannte gekannt, einfach weil wir es als in unserem Bewußtsein vorhanden erfahren. In diesem Sinne ist das Bekannte — ganz abgesehen, woher es sonst stammen möge — immer durch eine Erfahrung gegeben, ist eine Erfahrung, die wir in oder an unserem Bewußtseinsstand machen; und das Objekt gilt als so erfahren und so gegeben, wie es im Bewußtsein vorgefunden wird.

In der ursprünglichen Erfahrung liegt also das, was wirklich durch den Gegenstand inhaltlich gegeben ist, und alles das, was etwa das erfahrende Individuum in den Gegenstand hineingedacht haben möchte, noch völlig ungeschieden zusammen. So ist dem niedriger entwickelten Denken das Vorhandensein einer menschlichen Seele in irgend einem bewegten Naturkörper nicht eine zum Begreifen jener Bewegung herbeigezogene Hypothese, sondern eine »Erfahrung«; gerade wie vielleicht noch heute mancher Naturforscher vermeinen mag, in der Bewegung des fallenden Steines auch die Kraft vor sich zu haben, die den Stein zur Erde reißt.

Durch die Unterscheidung dessen, was in der Erfahrung wirklich gegeben ist, und dessen, was dem also Gegebenen von seiten des Erfahrenden hinzugefügt, in dasselbe hineingelegt, mit ihm mitgedacht wird, unterscheidet sich zugleich das wissenschaftliche von dem naiven Erfahren. Indem sich das erstere in der Entwicklung des Denkens aus dem letzteren differenziert, determiniert sich der Inhalt der Erfahrung, oder kurz: determiniert sich der Begriff der Erfahrung mehr und mehr auf das durch den Gegenstand allein Gegebene — und dies allein ist es, was die wissenschaftliche Erfahrung auf dem Höhepunkt ihrer Entwicklung enthalten darf.

50. Es benötigt kaum noch der besonderen Erwähnung, daß mit dieser Determinierung der wissenschaftlichen Erfahrung nun auch das Bekannte, auf welches sich das wissenschaftliche Denken zu beziehen hat, determiniert worden ist. Wenn früher das Bekannte, um zur Mitwirkung im Prozeß des Begreifens zugelassen zu werden, eben nur einen verfügbaren Bestandteil unseres Bewußtseins auszumachen hatte, wird von ihm jetzt verlangt, daß es durch eine wissenschaftliche Erfahrung gegeben sei, damit — im Gegensatz zu dem naiven Begreifen — ein wissenschaftliches Begreifen erzeugt werde. Alles andere Bekannte, welches zwar dem denkenden Individuum noch so vertraut, nicht aber dem Gegebenen entnommen, sondern in dieses erst vom Erfahrenden hineingedacht worden ist, ist vom wissenschaftlichen Begreifen ausgeschlossen.

IIb.

51. Wenn es auch an sich klar ist, daß alles, was nicht durch den Gegenstand selbst gegeben ist, von der Verwendung als Bekanntes im wissenschaftlichen Begreifen ausgeschlossen sein soll, so ist doch nicht dem sich entwickelnden wissenschaftlichen Denken so ohne weiteres bewußt gewesen, was denn eigentlich nicht mit dem Gegenstand gegeben, sondern nur vom Erfahrenden mitgedacht bez. hineingedacht sei.

Zuvörderst sind es zwei Gruppen gewesen, welche das wissenschaftliche Denken als solche bezeichnet hat, die ein Hineindenken bewerkstelligen, daher von der Inhaltsbestimmung des Gegenstandes auszuschließen sind: die timematologische und anthropomorphistische Apperzeption.

52. Die timematologische Gruppe zerfällt in die ethischen und ästhetischen Apperzeptionen, welche beide auf eine Wertschätzung des Gegenstandes abzielen und dann das Resultat der Wertschätzung als Prädikat dem Gegenstande beilegen, indem sie ihn als gut oder schlecht, schön oder häßlich seiend charakterisieren. Von einer weiteren Würdigung dieser Gruppe

kann hier füglich abgesehen werden, da sie nicht in der Richtung unserer Aufgabe liegt.

53. Wichtiger für uns ist die zweite Gruppe, die der anthropomorphistischen Apperzeptionen; sie zerfallen zunächst in die mythologischen und in die anthropopathischen Apperzeptionen, welche letzteren eine Determinierung der ersteren sind. Den Inhalt der mythologischen Apperzeptionen bilden die Vorstellungen von unserem gesamten wollenden und handelnden Ich; während sich der Inhalt der anthropopathischen Apperzeptionen auf die Vorstellungen von einzelnen Gemütszuständen beschränkt. Als das Bekannte fungiert bei der mythologischen Apperzeption die in der naiven Erfahrung vorgefundene Vorstellung von unserer menschlichen Seele [18]) als Prinzip der Bewegung unseres Körpers; bei den anthropopathischen Apperzeptionen liegt das Bekannte in der minder naiven, weil determinierteren Erfahrung, daß es gewisse Gefühle, wie die des Hasses, der Liebe, der Kraft, des Willens und dergl. sind, welche die Bewegung des Körpers zur Folge haben.

54. Soweit das Denken auf Gegenstände der Natur gerichtet ist, dienen diese Apperzeptionen dazu, die Vorgänge in derselben begreiflich zu machen; und der allgemeine Unterschied zwischen dem naiven Begreifen und dem der Naturwissenschaften begründet sich mithin durch den Verzicht derselben, jene Apperzeptionen zum Begreifen der Natur zu verwenden. Das Begreifen der Naturwissenschaften entwickelt sich also zu um so größerer Wissenschaftlichkeit, je entschiedener der Inhalt der anthropomorphistischen Apperzeptionen aus dem Bereich desjenigen Bekannten ausgeschlossen wird, welches sie, die Naturwissenschaften, als zu diesem ihrem Begreifen verwendbar erachten.

55. Die Entwicklung des Denkens, in welcher sich die Verwendung des Bekannten auf die Zulassung nur desjenigen Bekannten determiniert, welches durch wissenschaftliche Erfahrung gegeben ist — diese Entwicklung würde demnach mit der völlig durchgeführten Abweisung der erwähnten anthropomorphistischen Elemente ihren Abschluß gefunden haben, wenn nicht genauere Untersuchungen des Denkens selbst eine

neue und scheinbar ganz anders geartete Gruppe von Apperzeptionen, welche in eigentümlicher Weise den »Erfahrungsinhalt« beeinflussen, hätten entdecken lassen. Die Entdeckung bestand darin, daß namentlich Substanzialität und Kausalität, welche in ihrer Beziehung zu den Eigenschaften bez. Veränderungen der Dinge als Bekanntes im wissenschaftlichen Begreifen fungierten, als eine Bestimmung erfaßt wurden, welche nicht in dem Materialen des wirklich Erfahrenen mitgegeben oder des wirklich Gegebenen miterfahren, sondern erst durch das Denken des Erfahrenden in dasselbe hineingelegt, hineingebildet werden. Hauptsächlich Kant, dessen Vorgänger Locke und Hume waren, hat den Nachweis geführt, daß Substanzialität und Kausalität nur apriorische »Verstandesbegriffe« sind, durch welche wir das Materiale der Erfahrung denken. Wir nennen diese Apperzeptionen die intellektualformalen.

56. So hätten wir denn dreierlei anthropomorphistische Apperzeptionen, welche die Erfahrung beeinflussen: die mythologische Apperzeption, welche das wirklich Gegebene durch die Form unseres gesamten Seins, die anthropopathische, welche es durch Formen unseres Gefühls, und die intellektualformale Apperzeption, welche es durch gewisse Formen unseres »Verstandes« auffaßt. In jedem der drei Fälle besteht die Beeinflussung in dem Zusatz von Bestimmungen, welche nicht in dem wirklich Gegebenen enthalten sind, sondern durch den Erfahrenden hinzugefügt werden: eine menschliche Seele, ein menschliches Gefühl, eine menschliche sogenannte »Erkenntnisform«.

In je höherem Grade nun das begreifende Denken zum wissenschaftlichen entwickelt ist, um so entschiedener, sahen wir, schließt es alles das Bekannte, welches nicht in dem Gegebenen selbst enthalten ist, von der Verwendung zu seinem Zwecke, eben dem wissenschaftlichen Begreifen, aus. In unserer Zeit ist die Reinigung von der mythologischen Beimischung nahe daran, vollendet zu werden; die Reinigung der Erfahrung von anthropopathischen Zusätzen wird wenigstens angestrebt. Dagegen dürfte die Frage, ob aus dem Inhalt des Erfahrenen gleicherweise die Zutat der »apriorischen Verstandesbegriffe« entfernt und damit die κατ' ἐξοχὴν reine Erfahrung hergestellt werden solle und könne hiermit, meines Wissens, zum erstenmale als solche gestellt, und zugleich die Berechtigung zu dieser Fragestellung durch die Entwicklung des Denkens selbst begründet sein — wie sie auch aus dieser hervorgegangen ist.

57. Durch die in der angegebenen Form sich entwickelnde Determinierung des wissenschaftlichen Begreifens auf die Verwendung nur desjenigen Bekannten, welches in der reinen Erfahrung enthalten ist, sind wir auch in stand gesetzt, wiederum der Frage nach den Grenzen des Begreifens, doch diesmal in einer anderen Richtung, näher zu treten und zugleich die gesuchte Grenze mit dem kürzesten Ausdruck zu bezeichnen. Nach den Richtungen des allgemeinen und einfachen Begriffs hatten wir die Grenzen schon früher (S. 26f.) angegeben; wir konnten sie damals auch nur nach jenen zwei Richtungen andeuten, weil uns für die Grenzen, wenn ich so sagen darf: nach der dritten Dimension, nach Seite des Bekannten, noch der Maßstab fehlte. In der Tat sind auch die Grenzen für das naive Begreifen insofern unbestimmbar, als das naive Denken unterschiedslos alles, was ihm eben als bekannt gilt, zu seinem Begreifen verwendet. Dadurch aber, daß wir zwischen dem naiven und wissenschaftlichen Begreifen eine Grenze zogen, haben wir auch unsere Aufgabe der Grenzbestimmung des Begreifens determiniert und durch diese Determinierung eine Lösung wenigstens für unsere Zwecke angebahnt. Aus unserer Entwicklung geht hervor, daß nach Seite des Bekannten das wissenschaftliche Begreifen durch die reine Erfahrung, als welche allein das wissenschaftlich Bekannte enthält, seine Begrenzung findet.

58. Schließlich sei daran erinnert, daß die Entwicklung des wissenschaftlichen Denkens, welche die Verwendung des Bekannten auf das durch die wissenschaftliche Erfahrung Bekannte, dieses endlich auf die reine Erfahrung determiniert, sich wiederum als unter dem Prinzip des kleinsten Kraftmaßes stehend erweist: denn vom Denken eines Gegebenen alles das ausschließen, was es nicht selbst enthält, heißt, nicht mehr Kraft auf sein Denken verwenden, als der Gegenstand selbst erfordert.

III.

59. Nach dem, was über die Determinierung des verwendbaren Bekannten im wissenschaftlichen Denken gesagt worden ist, bleibt über diejenige der allgemeinen Begriffe kaum noch etwas zu bemerken übrig. Die Determinierung ihres Inhalts unterliegt eben derselben Entwicklung, wie das Bekannte, und mit demselben Erfolg: dafs nur solche allgemeine Begriffe zum wissenschaftlichen Begreifen als giltige verwendet werden, deren Inhalt aus der reinen Erfahrung stammt. Durch die Forderung dieses Ursprunges ist die Verwendung der allgemeinen Begriffe zugleich auf die materialen beschränkt und damit auch das bloß formale Begreifen ausgeschlossen.

60. Was den Begriffsumfang betrifft, so ist auch die Verwendung der allgemeinen Begriffe durch unsere Darlegung wenigstens für das philosophische Begreifen determiniert, nämlich auf die allgemeinsten Begriffe. Alle Begriffe, welche — obzwar sie allgemein sind und auch der reinen Erfahrung entstammen mögen — sich jedoch unter allgemeinere materiale Begriffe subsumieren lassen, werden von dem letztmöglichen, auf die Gesamtheit alles in der reinen Erfahrung Gegebenen gerichteten Begreifen ausgeschlossen.

Inwiefern endlich dieses Ausschließen dem Prinzip des kleinsten Kraftmaßes entspricht, ist ebenfalls angeführt worden.

IVa.

61. Nachdem wir uns früher der Richtung, nach welcher sich das Objekt des philosophischen Begreifens, und soeben derjenigen vergewissert haben, nach welcher sich die Beschaffenheit dieses Begreifens bestimmt, sind wir der Frage genähert, welches methodische Verfahren die Philosophie einzuschlagen habe, wenn sie sich nun ihres Objektes, der — wie sie kurz genannt werden mag: logischen Gesamtheit des Seienden, durch einen Begriff, welcher der reinen Erfahrung entstammt, bemächtigen will.

Da die der logischen entsprechende reale Gesamtheit des Seienden aus nichts anderem bestehen kann, als aus den Objekten, welche als seiend erfaßt werden, so könnte leicht als eine erste Aufgabe immerhin der Philosophie angesonnen werden, sich an der Herbeischaffung von Erfahrungsobjekten zu beteiligen. Zu solchem Geschäft müßte sie sich dann auch der Methoden bedienen, vermittelst deren überhaupt Objekte beschafft werden.

62. Diese Beschaffung geschieht in erster Reihe durch Beobachtung; alle naturwissenschaftlichen Methoden sind vornehmlich Methoden der Beobachtung, mögen sie nun auf bloßer Übung des einfach fixierenden oder vergleichenden, physischen und geistigen Auges, oder auf der Benutzung sinnreicher Instrumente oder endlich auf der Anstellung überzeugender Experimente beruhen. Mit diesen Methoden wird nicht nur das Vorhandensein eines Gegenstandes konstatiert, sondern derselbe auch eigenschaftlich oder inhaltlich bestimmt. Diese Methoden finden die Grenzen ihrer Anwendung an ihre Anwendbarkeit auf die Objekte; sie sind aber nur dem gegebenen Einzelnen gegenüber anwendbar und mithin gehören sie auch den Einzelwissenschaften ausschließlich zu, d. h. aber: überall, wo Einzelbeobachtung nötig wird, sind auch nur die Einzelwissenschaften die berufenen Vertreter der Beobachtung.

63. Nun haben wir jedoch gesehen, daß die Philosophie nicht in dem Sinne Einzelwissenschaft sein kann, in welchem man überhaupt von Einzelwissenschaften spricht; oder mit anderen Worten, daß durch die Differenzierung der wissenschaftlichen Forschung ihr nicht dieses oder jenes spezielle Gebiet der Naturbetrachtung, sondern eine gewisse begriffliche Gemeinsamkeit aller Gebiete zugefallen sei. Damit war selbstverständlich nicht gesagt, daß es dem Philosophen benommen sei, auch seinerseits Einzelforschung nach Bedürfnis zu treiben; was im Gegenteil, wenn auch aus anderen Gründen, nur wünschenswert sein kann. Es ward bloß dadurch geltend gemacht, daß es nicht Sache der Philosophie sei, bald diese, bald jene Einzelwissenschaft um deswillen als ihr integrierend zu betrachten, weil ihre Namensvertreter sich in bald diese, bald jene Einzelforschung, als zur Gestaltung der Philosophie am dringendsten erfordert, einlassen. Diese Einzelforschungen bleiben in dem Verhältnis der Hilfsleistungen. Insofern wir also zugeben müssen, daß die Philosophie als

solche ihre Objekte aus den einzelnen Naturwissenschaften, welchen die Beschaffung und Beschaffenheit der Einzelobjekte speziellere Aufgabe ist, zu entnehmen habe, können wir auch der Philosophie die Beobachtungsmethoden der einzelnen Naturwissenschaften nicht als ihr zukömmliche zuerteilen.

64. Indessen stellen doch die erwähnten Methoden der Beobachtung nicht den einzigen Weg dar, auf welchem die Naturwissenschaften zu ihren Objekten gelangen. Vielmehr müssen jene Disziplinen, da alle Beobachtung durch mancherlei physische bez. physiologische und psychologische Momente beschränkt bleibt, dieselbe durch ein mehr rationales Verfahren ergänzen: indem sie von einem Bekannten auf ein Unbekanntes schließen.

65. Vielleicht, daß mithin wenigstens in diesem Schluß vom Bekannten auf Unbekanntes das methodische Verfahren enthalten wäre, welches der Philosophie zwar nicht eigentümlich, aber doch eigen wäre, gemeinsam mit den Naturwissenschaften. Je mehr in der Tat die Philosophie sich gestehen mußte, daß sie auf dem engen Pfade der Beobachtung, gleichviel zu welchem Ziele, nicht recht vorwärts kommen wolle, um so mehr konzentrierte sie ihre Erwartungen auf den Schluß vom Bekannten auf Unbekanntes, und es ward von ihren Vertretern das »Erschließen« als das recht eigentliche, zu den schönsten Hoffnungen berechtigende Verfahren der Philosophie angepriesen.

66. Leider scheint es nicht, als ob diese Hoffnungen ihrer Natur nach geeignet wären, in Erfüllung gehen zu können. Schon die Frage, an welchem Punkte die Philosophie mit ihrem Schluß einzusetzen habe, bereitet einige Schwierigkeit. Wir haben gesehen, daß die Verwendung des Bekannten im wissenschaftlichen Denken einer Determinierung unterliegt, deren Tendenz auf die ausschließliche Verwendung des durch die reine Erfahrung Gegebenen gerichtet ist. Die Philosophie, welche nicht die Existenz und einzelnen Bestimmungen spezieller Erfahrungsgegenstände aufsucht, sondern nur das Gemeinsame aller Einzeldinge für ihre Zwecke braucht, würde daher mit ihrem Schluß vom Bekannten auf Unbekanntes mindestens erst bei ihrem Material, d. h. bei der

reinen Erfahrung einsetzen dürfen. Diese aber ist es, die gar erst noch zu beschaffen bleibt.

67. Doch das mag ein Zweifel geringeren Gewichtes erscheinen; ein schwerer wiegender liegt schon in dem Gesagten angedeutet. Angenommen, die Philosophie wüßte genau den Punkt anzugeben, wo sie zur Hebung verborgener Schätze den Hebel ihres Lieblingsschlusses sicher ansetzen dürfte — welcher Art und welchen Nutzens gerade für sie könnten diese Errungenschaften sein? Denn die Gegenstände oder Vorgänge, deren Vorhandensein die Naturwissenschaften durch einen Schluß sich gewinnen, sind immer gleichartig mit denen, von welchen aus geschlossen wurde; ihre, der Gegenstände, Verschiedenheit ist nur eine räumliche oder zeitliche oder spezifische. Mit anderen Worten: das Unbekannte, das erschlossen wird, fällt unter denselben Begriff, wie das Bekannte, welches dem Schluß als Unterlage diente. Schlösse ich z. B. aus der Bahn eines Planeten nach dem Satz des Parallelogramms der Kräfte auf das Vorhandensein eines denselben anziehenden Zentralkörpers, so fiele der erschlossene Körper seiner Beschaffenheit nach wieder unter den Begriff des Körpers, und seiner Bewegung nach wieder unter den Satz des Parallelogramms der Kräfte. Schlösse ich von der bekannten Umwandlung bekannter Bewegung und bekannter Wärme auf die Wärme als eine bisher noch unbekannte Art von Bewegung, so fiele auch diese besondere Bewegung unter den allgemeinen Begriff der Bewegung.

Nun kann freilich das Vorhandensein jenes Zentralkörpers oder dieser besonderen Art von Bewegung für die Naturwissenschaft, als welche sich mit der Erforschung der Einzeldinge beschäftigt, und welcher jedes neue Objekt unter Umständen ein neues Problem stellt, von dem höchsten Interesse sein. Für die Philosophie wäre das doch nur dann ein Ereignis, wenn das erschlossene Objekt oder eine erschlossene Eigenschaft eine völlig neue Begriffsbestimmung für das Seiende enthielte. Kein neuer Körper, dessen Konstitution nicht den Begriff des Körpers, keine neue Bewegung, deren Art nicht den Begriff der Bewegung fundamental abänderte, würden das Material, welches der Philosophie von früher her zur Verfügung stand, bereichern oder beeinflussen. Dies Material würde für sie nach wie vor das gleiche geblieben sein. Bestimmungen aber, welche einen fundamental neuen Inhalt, von dem wir bis dahin gar keine Vorstellung gehabt hätten, aufweisen würden, könnten überhaupt nicht aus Schlüssen, sondern nur aus Beobachtung und Erfahrung im Sinne der Naturwissenschaft erwachsen.

Es fehlt mithin der Philosophie für eine eventuelle Anwendung des Schlusses vom Bekannten auf Unbekanntes völlig an brauchbaren Objekten, da jedes von einer gesicherten Basis aus und in giltiger Weise erschlossene Objekt einfach immer wieder unter den allgemeinen Begriff von Objekten fällt, von dem aus geschlossen ward.

68. Derselbe einschränkende Umstand würde auch dann in Kraft bleiben, wenn etwa die Philosophie den Schluß vom Bekannten auf Unbekanntes nach einer anderen Richtung erproben wollte. In unserem Beispiele ward durch den Schluß auf die Existenz eines Zentralkörpers zugleich ein Begreifen der Bewegung des bekannten Körpers bewirkt, indem seine Bahn unter den Satz des Parallelogramms der Kräfte subsumiert wurde; ein höheres Begreifen würde eintreten, wenn man diesen Satz unter einen noch allgemeineren subsumierte, u. s. f. Die Philosophie, welche dadurch, daß sie das allen Einzelwesen Gemeinsame in einen allgemeinsten Begriff sammelt, ein Begreifen aller Einzeldinge bewirken will, könnte auf den Gedanken geraten, den Fortgang zu einem noch höheren Begreifen, den die Abstraktion nicht mehr gönnte, durch einen Schluß zu erzwingen. Daß dieser Gewaltschritt jedoch nach Seite des Inhalts aussichtslos wäre, ist zur Genüge dargetan; daß er aber zugleich die beabsichtigte Wirkung verfehlen würde, erhellt aus der gleichen Erwägung, Das Erschlossene würde immer wieder unter den bereits vorhandenen Begriff fallen und somit nur den Umfang dessen erweitern, was durch jenen bereits begriffen wird, nicht aber das Begreifen selbst erhöhen. Denn die Höhe des Begreifens richtet sich nicht nach der ethischen, ästhetischen oder dynamischen »Höhe«, welche wir, menschlichen Maßstab anlegend, dem erschlossenen Gegenstand zuzuerkennen uns

geeinigt oder gewöhnt haben, sondern nach der Abstraktionshöhe des Begriffs, welcher bei dem Begreifen fungiert.

69. Hat die Philosophie darauf zu verzichten, durch Schlüsse neue Objekte zu schaffen — welches überhaupt nicht ihres Amtes ist —, so bliebe ihr endlich vielleicht doch noch eine Möglichkeit, den Schluß vom Bekannten auf Unbekanntes innerhalb der beschränkteren und trotzdem eventuell wichtigeren Aufgabe zu verwenden, welche sie als die ihre insofern betrachten dürfte, als ihr an deren Lösung besonders viel gelegen sein muß: an der Herstellung der reinen Erfahrung.

Allein was könnte sie hier durch jenen Schluß zu erreichen hoffen? Derselbe könnte doch nur ein Mehr zu Wege bringen wollen; aber nicht durch ein Plus, sondern durch ein Minus unterscheidet sich die reine Erfahrung von der gemischten: die reine Erfahrung enthält ja eben dasselbe, was die gemischte umfaßt; sie soll es nur nicht mit den Zusätzen enthalten, die das menschliche Denken hineingedacht hat und die in Wahrheit also gar nicht erfahren werden. —

70. Das Ergebnis unserer Betrachtung, welche das Verfahren des Schlusses vom Bekannten auf Unbekanntes in der Philosophie als aussichts- bez. gegenstandslos ablehnen mußte, wird denn auch bestätigt durch die Geschichte, welche in solchen Versuchen statt Realien Hypostasen, statt Materialem Formen, statt wirklicher Begriffsvermehrungen Tautologien aufweist und folglich keinen dieser Versuche unverworfen überliefert hat.

IVb.

71. Die naturwissenschaftlichen Beobachtungsmethoden entzogen sich der Philosophie, weil diese über der Aufgabe steht, einzelne den verschiedenen Gebieten des Seienden zugehörige Objekte zu beschaffen oder deren Beschaffenheiten aufzufinden. Auch den Schluß vom Bekannten auf Unbekanntes konnten wir nicht als das eigentlich philosophische Verfahren anerkennen, denn entweder stellte er nur ein Ergänzungsverfahren zu der Wirksamkeit der Beobachtungsmethoden dar und fiel mit dem Wegfall von deren Aufgaben; oder aber er versuchte sich durch Mithilfe an der Reinigung der Erfahrung als philosophische Methode einzu-

führen, und wurde abgewiesen, weil er hier nichts leisten konnte. Im ersten Fall hatte er in der Philosophie keine Zwecke, im zweiten keine Mittel.

Trotzdem also durch die vorhergehende Betrachtung unsere Frage nach der Methode der Philosophie immer noch unbeantwortet geblieben ist, war sie doch nicht so völlig vergeblich angestellt. Denn wenn wir die Arbeit oder die Vorarbeiten der Philosophie nur auf den Gebieten der Objektsbeschaffung und Erfahrungsreinigung eventuell zu suchen haben, und uns klar wurde, daß die Philosophie das erstere Terrain den Naturwissenschaften besser überlasse, so wissen wir dadurch wenigstens genauer, daß wir vorläufig nur nach solchen Methoden Umschau halten dürfen, von denen — nach der notwendigen Untauglichkeitserklärung des Schlusses vom Bekannten auf Unbekanntes auch für diesen Zweck — die gemischte Erfahrung ihre Reinigung erwarten könnte. Es müßte sich mithin jetzt als die erste, der Philosophie zukommende Aufgabe die Gewinnung der reinen Erfahrung herausstellen. Und in der Tat hat sich auch die Philosophie neben den Erschließungsversuchen vorwiegend mit der Behandlung dessen beschäftigt, was auf jeder entsprechenden Stufe des wissenschaftlichen Denkens als wissenschaftliche, als gereinigte oder gar reine Erfahrung betrachtet wird.

72. Diese Untersuchungen sind nun wesentlich kritischer Natur gewesen; und so schiene denn einfach die Kritik die Methode zu sein, welche die Reinigung der Erfahrung bewirkte. Zweifellos ist sie hierbei unentbehrlich; aber, wie überall, nur zur Vorbereitung des eigentlichen Gewinnes. Daß Kritik allein zur Herstellung der reinen Erfahrung nicht ausreicht, hat gerade der größte kritische Philosoph, hat Kant bewiesen, dessen »Kritik der reinen Vernunft« an dem Punkte stehen bleibt, wo sie zu einer »Kritik der reinen Erfahrung« werden konnte. Eine solche »Kritik der reinen Erfahrung« dürfte sich nicht dabei beruhigen, Zumischungen in dem, was als reine Erfahrung gegolten, aufzudecken; sondern sie müßte der kritischen Analyse ein weiteres Verfahren ergänzend zur Seite treten lassen, welches das negative Ergebnis der Kritik positiv verwertete.

73. Das hinzutretende Verfahren könnte aber in nichts anderem bestehen, als in der Vollziehung eben der Reinigung, diese aber in nichts anderem, als in der Elimination alles dessen, was sich in der Entwicklung des Denkens als Zumischung zur Erfahrung herausgestellt hat. Insofern es also im Gegensatze zu den Spezialforschungen, welche auf Herbeischaffung neuen Erfahrungsmateriales ausgehen, Sache der Philosophie wäre, dies Erfahrungsmaterial zu reinigen, müßte auch, im Gegensatz und nach Ausschließung der erfahrungschaffenden Methoden der Spezialwissenschaften, die Methode der Elimination diejenige sein, welche als die eigentlich philosophische Methode zu betrachten bliebe.

74. Auch ist es wohl ein bedeutungsvolles Zusammentreffen, daß die Methode der Elimination diejenige ist, die wir bereits in der Determinierung der Aufgabe, des Materiales und Mittels der Philosophie angewandt finden. Denn alle diese Determinierungen vollzogen sich durch Eliminationen; und sogar die Frage nach der philosophischen Methode beschränkt diese durch Elimination aller anderen Methoden auf die Methode der Elimination. Unsere Entscheidung für letztere scheint also nichts zu sein, als ein explizites Darstellen dessen, was in unserer Entwicklung bereits impliziert lag, als ein bewußtes Weiterwandeln des Weges, den die Entwicklung — nicht nur unseres Gedankens, sondern des wissenschaftlichen Denkens überhaupt — nach dieser Richtung gleichsam instinktiv unter der Direktion des Prinzips des kleinsten Kraftmaßes verfolgt.

V.

75. Um jedoch völlig gewissenhaft gegen uns selbst zu sein, dürfen wir uns einer noch weitergehenden Erwägung nicht verschließen. Wir hatten den Anschein erweckt, als müsse die Reinigung der Erfahrung für eine der Philosophie wesentliche Aufgabe gelten, als müsse daher auch die Methode der Elimination als die eigentlich philosophische betrachtet werden. Hiergegen kann man nun einwenden:

Die Forderung der reinen Erfahrung in der Philosophie bedeutet nichts weiter, als daß der Inhalt ihres Objektsbegriffes — ihr Objekt aber war die Gesamtheit des Gegebenen — rein gedacht werde; das Streben mithin, den Inhalt der Erfahrung zu reinigen, ist gar nicht der Philosophie eigentümlich, sondern allem wissenschaftlichen Denken gemeinsam. Daß dies Bewußtsein von der Erfahrungsreinigung als solcher den Philosophen, etwa vermöge ihres historischen Verhältnisses zur Psychologie, zuerst aufgegangen, beweist nach der vorliegenden Darlegung selbst nicht im mindesten, daß diese darum gerade das eigentliche Geschäft der Philosophie sei. Gehen denn nicht auch die Naturwissenschaften darauf aus — indem sie in dieser Hinsicht die vergleichende Mythologie, Psychologie u. a. als Hilfswissenschaften benutzen —, den Inhalt ihrer, die Erfahrung repräsentierenden Begriffe zu reinigen? Wenn die Philosophie den Inhalt ihres Gegebenen reinigt, so tut sie das nicht als Philosophie, sondern als wissenschaftliches Denken und wie jedes andere wissenschaftliche Denken. Die Philosophie unterscheidet sich im Wesen nicht durch diese Reinigung, sondern einzig und allein durch ihr Objekt, die begriffliche Gesamtheit des Gegebenen, von den Spezialforschungen. Jener eventuelle Unterschied also zwischen naturwissenschaftlichem und philosophischem Denken, welcher sich auf den völlig gereinigten Inhalt der Erfahrung gründen möchte, ist nicht nur ein relativer, sondern auch ein willkürlicher, höchstens doch nur historisch berechtigter, und die Methode der Elimination gehört gleichfalls zu denen der Naturwissenschaften, welche damit der Philosophie ihren Inhalt gereinigt überliefern.[19])

76. Der Einwand ist richtig; er drängt zu einer Unterscheidung der Philosophie im engeren und weiteren Sinne — letzterer liegt in der Tat nur in der historischen Entwicklung begründet. Denn gesetzt, es wäre nie ein Denken auf die Gesamtheit gerichtet gewesen und damit nie Philosophie entstanden: so würde doch das Prinzip des kleinsten Kraftmaßes die sich gegenseitig unterstützenden Spezialforschungen allmählich zur äußersten Reinigung ihrer Erfahrungsbegriffe genötigt und geführt haben. Für die Philosophie in ihrem eigentlichsten und engsten Sinn, als das auf das Begreifen der Gesamtheit des Seienden gerichtete Denken,

müssen wir es uns gefallen lassen, wenn die Methode der Elimination sozusagen zur Elimination auch dieser Methode zwingt. Dann ist Philosophie eben nichts weiter als der Akt der Zusammenfassung der von den Spezialforschungen gefundenen und auch durch sie gereinigten allgemeinen Erfahrungsbegriffe in Einen, und die Anwendung dieses Einen Begriffs auf die Gesamtheit des Seienden; die Methode der Philosophie endlich kann dann aber nichts anderes mehr sein, als der psychologische Vorgang, in dem alles Zusammenfassen und Begreifen besteht. Und wenn die Philosophie in diesem engsten Sinne auch nicht mehr eine Wissenschaft in der eigentlichen Bedeutung ist, so bleibt sie doch immer ein wissenschaftliches Denken. Anders als von einem solchen ward auch in dieser Entwicklung nicht von ihr gesprochen.

B.

Die Gestaltung der Philosophie.

I.

77. Ehe wir den letzten Schritt tun, der uns noch übrig, sehen wir auf die zurück, welche wir getan.

Gemäß dem Prinzip des kleinsten Kraftmaßes erzeugt sich eine Subsumtion einer Einzelvorstellung unter einen allgemeinen Begriff und, insofern die Einzelvorstellung ein zwar durch eine Erfahrung Gegebenes, seinen Bestimmungen nach aber ein Unbekanntes ist, durch diese Subsumtion unter den inhaltlich bekannten Begriff ein Begreifen. Es ist demnach das Begreifen ein kraftersparendes theoretisches Denken eines Gegenstandes, und die Gesamtheit der Gegenstände wird am kraftersparendsten gedacht, wenn diese unter einem allgemeinen Begriff gedacht werden. Dies Streben, die Gesamtheit der Gegenstände am kraftersparendsten, d. h. unter einem allgemeinen Begriff zu denken, und somit ein Begreifen aller Einzeldinge zu ermöglichen, ist die Philosophie. Der allgemeinste Begriff, unter welchem die Einzeldinge zu denken sind, muß das allen Einzeldingen Gemeinsame enthalten. Dies Gemeinsame aber muß, damit es wirklich ein

Gegebenes sei, durch die Erfahrung und zwar durch reine Erfahrung gegeben sein. Jede einzelne Erfahrung endlich wird gewonnen durch die spezialwissenschaftlichen Beobachtungen und Erschließungen, die Reinheit der Erfahrung überhaupt durch Elimination des als zugemischt Entdeckten.

Somit hängt von dem Inhalt des in der reinen Erfahrung Gegebenen nunmehr die Gestaltung der Philosophie ab.

78. Da nun aber alles Gegebene durch die Wahrnehmung gegeben ist, so schienen wir berechtigt, an Stelle der reinen Erfahrung einfach die reine Wahrnehmung zu setzen. Allein der Begriff der Erfahrung ist doch weiter als der der Wahrnehmung. Diese bietet immer nur ein einzelnes Wahrgenommene; ihre Aussage, als Urteil gedacht, gibt den Gegenstand nur, wie er sich unter der Beschränkung der Wahrnehmungsfähigkeit und des jeweiligen äußeren und inneren Standpunktes dem Wahrnehmenden darstellt, läßt mithin die Möglichkeit zu, daß ihr Inhalt nach der einen Seite der Ergänzung, nach der anderen aber der Berichtigung bedürfe. Es müssen daher zur Beurteilung des einzelnen Wahrgenommenen die Aussagen anderer Wahrnehmungen, in gewissen Fällen sogar Schlüsse aus solchen, herbeigezogen werden, um die sozusagen individuellen Lücken und Mängel der Einzelwahrnehmung zu beseitigen. Dieses System kombinierter Wahrnehmungsurteile und giltiger Schlüsse zum Zwecke ausreichender und richtiger Beurteilung der einzelnen Wahrnehmung ist nun in der wissenschaftlichen Erfahrung enthalten. Es empfiehlt sich also, lieber von der reinen Erfahrung, als von der reinen Wahrnehmung zu sprechen, obzwar jede Wahrnehmung, die als solche oder als Unterlage zu einem giltigen Schlusse die Erfahrung konstituieren hilft, rein gewesen sein soll. Auch wird die Wahrnehmung dadurch, daß sie solcherart durch die Erfahrung ergänzt wird, nicht zu etwas, was man eine »gemischte« Wahrnehmung in dem Sinne nennen könnte, in welchem wir von einer gemischten Erfahrung sprachen; denn die Ergänzung soll durch die reine Erfahrung geschehen, welche inhaltlich nichts anderes als reinen Wahr-

nehmungsinhalt, wenn auch den Inhalt anderer (Einzel-) Wahrnehmungen mit aussagt, nicht aber Zumischungen von Formen unseres Gemütes oder »Verstandes« hineindenkt.

79. Befragen wir nunmehr die Naturwissenschaft nach den allgemeinsten Begriffen dessen, was sie als das durch Erfahrung und Erfahrungsschlüsse Gegebene betrachtet, so erhalten wir als erste Antwort: daß sie, die Naturwissenschaft, alles Seiende als materielle Atome bestimmt, welche durch Kräfte bewegt werden und mit Notwendigkeit aufeinander einwirken.

Unsere Aufgabe wäre also: zu prüfen, was im Materiale dieser Antwort an reiner Erfahrung und was an Zumischung darin enthalten sei, und, indem wir das Zugemischte elimiminieren, gleichzeitig das eventuell Festzuhaltende bez. zu Ergänzende, mit Rücksicht auf unseren Zweck, der Herstellung eines höchsten Begriffes, zusammenzufassen. — Das Ergebnis dieser Untersuchung ist freilich schon durch unsere frühere Berufung auf Kant, wenigstens nach einer Seite, antizipiert worden, zum Teil auch in die Anschauungen einer fortgeschritteneren Naturwissenschaft bereits übergegangen.

II a.

80. Indem wir die Betrachtung der Atome als solcher einer späteren Gelegenheit vorbehalten, richten wir zunächst unser Augenmerk auf das, was die Atome bewegt — auf die Kraft.

Wir fragen also: Ist die Kraft — nicht als Bewegungs-Quantum oder Verhältnis, sondern — als Bewegendes in der reinen Erfahrung gegeben? Die Antwort lautet: Keine noch so genaue Beobachtung der bewegten Dinge läßt die Kraft wahrnehmen; und in dem einen Falle, wo wir Kraft wahrnehmen, nehmen wir sie nicht als Bewegendes wahr: das ist in unserer Kraftempfindung. Denn diese tritt wohl als ein die Bewegung unserer Glieder begleitendes, nicht aber als ein sie bewirkendes Gefühl auf. Und selbst wenn die Begleitung ein Vorangehen und die Bewegung ein Folgen wäre, so gibt doch keine Erfahrung in der Welt den Punkt, wo die empfundene Kraft (d. h. die Kraft als bestimmt qualifizierte Empfindung) auf die Muskelbewegung einwirkt. Von einem solchen Prozeß haben wir gar keine Vorstellung — einfach weil wir davon keine Erfahrung haben. Die Kraftempfindung und die Muskelbewegung sind völlig heterogen und daher kann auch nicht von der Empfindung auf die Bewegung ein Schluß stattfinden, der die mangelnde Erfahrung giltig ersetzte.

81. Ebensowenig ferner, wie die Kraft als Bewegendes, erfahren wir die Notwendigkeit einer Bewegung. Mit der Kraft fällt die Notwendigkeit; denn die Kraft ist das Zwingende, die Notwendigkeit der Zwang. Was wir erfahren, ist immer nur: daß Eins auf das Andere folgt — weder Zwang erfahren wir noch Willkür, daß sie einander folgen.

82. So fern also die Vorstellung der Kausalität Kraft und Notwendigkeit oder Zwang als integrierende Bestandteile des Folgevorganges verlangt, fällt sie mit diesen. Ist der Zwang zur Bestimmung eines Vorganges als »kausalen« nötig, so wird durch die Hineindenkung des Zwanges in den Folgevorgang erst die Kausalität geschaffen, kaum anders als wie der Fetischismus den beseelten Gegenstand erst schafft, indem er eine menschliche Seele hineindenkt; und wie dann der Wilde den eingedachten Einfluß seines Fetischs dadurch zugleich begreift, daß er den betreffenden Gegenstand beseelt gedacht hat, so erzeugt allerdings auch die Hineindenkung der zwingenden Kraft ein gewisses Begreifen des Erzwungenseins der Folge — dies ist aber ebenfalls nur ein naives, anthropopathisches, von dem des Wilden bloß dem Grad, nicht dem Wesen nach verschiedenes Begreifen. Denn das Bekannte, was ihm zugrunde liegt, ist nur das Gewohnheitsbekannte des mit Kraftgefühl verbundenen menschlichen Erzwingens.

83. Nun kann Notwendigkeit freilich auch bedeuten: daß jedesmal, wenn A eintritt, B folgen werde; drückt also, genau genommen, einen bestimmten Grad der Wahrscheinlichkeit (die Gewißheit) aus, womit der Eintritt der Folge erwartet wird und erwartet werden darf. Diese Gewißheit beruht auf der Erfahrung, insofern diese ein System kombi-

nierter Wahrnehmungsurteile darstellt; denn einerseits ist in der Erfahrung B immer auf A gefolgt, andererseits niemals auf A ein non-B. Hierbei wird noch eine begriffliche Unterstützung dadurch herbeigeführt, daß Folgevorgänge, welche mit dem Vorgang AB gleichartig sind, zur Herstellung der Gewißheit in Bezug auf die Folge AB herangezogen werden. Doch ist diese Frage nach der Notwendigkeit als Gewißheit für unseren Zweck irrelevant.

84. Dagegen ist es vielleicht angezeigt, ehe wir weitergehen, einer möglichen Mißdeutung der hier vollzogenen Elimination der »Kraft« und der »Kausalität« vorzubeugen. Beide wurden eliminiert, insofern in ihnen anthropopathische Apperzeptionen gefunden wurden; nicht aber insofern sie bestimmte empirische Verhältnisse zwischen zwei oder mehreren Körpern ausdrücken.

85. So bedeutet die Kausalität immer noch, daß jeder Vorgang zu bestimmten früheren im Verhältnis der Folge stehe, drückt mithin den Gedanken der Kontinuität des Geschehens aus — und hat als solcher seine Berechtigung.

86. Im Prinzip des kleinsten Kraftmaßes speziell ist hier das Verhältnis zwischen einem Vorgang, der als Zweck, und einem anderen, der als Mittel gedacht wird, ausgedrückt; man könnte es daher auch das »Prinzip des kleinsten Aufwandes von Mitteln« heißen, wie J. C. F. Zöllner bereits getan.[10])

87. Zugleich werden »Kraft« und »Kausalität« auch als abgekürzte Ausdrucksweisen vorläufig nicht zu entbehren sein.

IIb.

88. Wie wir zu der Ansicht genötigt waren, daß Bewegung nicht aus der Kraftempfindung erfolge — und nur als Empfindung erfahren wir Kraft —, so werden wir uns nun zu der Umkehrung des Satzes gedrängt sehen und sagen: daß die Kraftempfindung auch nicht aus Bewegung hervorgehe. In dieser Umkehrung läßt indes der Satz sogleich eine wertvolle Verallgemeinerung zu, daß nämlich Empfindung überhaupt — also gleichgültig welchen Inhaltes sie sei — nicht aus Bewegung hervorgehe. Der Wichtigkeit dieser Verallge-

meinerung willen verdient das Problem eine eingehendere Erwägung.

89. Wie bei dem vermeintlichen Hervorgehen einer Muskelbewegung aus einer Empfindung, so beruht auch der Satz, daß Bewegung Empfindung hervorrufe, auf einer nur scheinbaren Erfahrung. Diese, die Wahrnehmung als Akt umfassend, bestände darin, daß in einer gewissen Art Substanz (dem Hirn) durch übertragene Bewegung (den Reizen) und unter Mitwirkung anderer materieller Bedingungen (z. B. des Blutes) Empfindung erzeugt werde. Allein — abgesehen davon, daß diese Erzeugung niemals selbst erfahren worden ist — es würde zur Konstituierung der angegebenen Erfahrung, als einer in allen ihren Teilen wirklich vorliegenden, wenigstens der empirische Nachweis erforderlich sein, daß die Empfindung, welche durch eine übertragene Bewegung in einer Substanz hervorgerufen sein soll, auch nicht schon vorher in dieser irgendwie vorhanden war; sodaß ihr Auftreten nicht anders denn durch einen Schöpfungsakt seitens der eingetretenen Bewegung aufgefaßt werden kann. Nur durch den Nachweis also, daß irgendwo keine Empfindung, etwa als minimale, vorhanden war, wo jetzt solche angetroffen ist, würde eine Tatsache sichergestellt sein, welche, insofern sie einen Schöpfungsakt bedeutet, aller sonstigen Erfahrung widerspricht und alle sonstige Naturanschauung fundamental abändern würde. Jener Nachweis ist jedoch durch keine Erfahrung erbracht und durch keine Erfahrung erbringbar; vielmehr ist der absolut empfindungsentbehrende Zustand der später empfindenden Substanz nur hypothetisch. Diese Hypothese aber kompliziert und verdunkelt unsere Einsicht, statt sie zu vereinfachen und aufzuhellen.

90. Hat sich somit die sogenannte Erfahrung, es entstände durch übertragene Bewegung in der alsdann empfindenden Substanz die Empfindung, bei näherem Zusehen als eine nur scheinbare erwiesen; so bliebe doch immer noch in dem restierenden Erfahrungsinhalt, daß nämlich zwar vorhandene, aber latente oder minimale oder sonstwie dem Bewußtsein entzogene Empfindung durch hinzutretende Bewegung befreit oder gesteigert oder bewußt werde, Erfahrungs-

material genug, ein mindestens relatives Hervorgehen einer Empfindungsbestimmung aus Bewegungsverhältnissen zu konstatieren. Allein auch dieses Stück des restierenden Erfahrungsinhaltes ist nur scheinbar vorhanden. Verfolgen wir durch eine ideale Beobachtung die von der bewegten Substanz A ausgehende, sich über die Reihe der dazwischenliegenden Medien fortpflanzende Bewegung, bis sie die mit Empfindung begabte Substanz B erreicht hat, so finden wir bestenfalles nur, daß gleichzeitig mit der Aufnahme der anlangenden Bewegung die Empfindung in der Substanz B entwickelt oder gesteigert ist — nicht aber, daß dies durch die Bewegung geschehen sei. Wie ein solcher Akt aller Erfahrung vorenthalten bleibt, so ist er auch der eventuellen Erschließung unzugänglich, denn wir kennen keine, wenigstens keine gültigen Schlüsse, die konstituierend in ein völlig heterogenes Gebiet übergriffen.

91. Wenn nun, nach der angestellten Betrachtung, Empfindung als Erzeugnis der Bewegung in keiner Weise weder wirklich erfahren noch gültig erschlossen werden kann, so bleibt vorläufig nur übrig, sie als eine Eigenschaft der betreffenden Substanz und damit die Existenz empfindender Substanzen auszusagen. Hierbei käme uns zugleich in immerhin beachtenswerter Weise der Umstand zu statten, daß wir uns selbst als empfindende Substanzen erfahren; in welcher Erfahrung die Empfindung allerdings sicherer gegeben ist, als die Substanzialität. Letzteres Moment wird noch besonders unsere Aufmerksamkeit in Anspruch zu nehmen haben.

92. Führen wir uns jetzt in dem durch die dargelegte Erwägung veränderten Licht den Akt der Wahrnehmung vor Augen, so sehen wir also darin nicht mehr, daß sich Empfindung und Bewegung erzeuge, sondern nur, daß sich Bewegung von Substanz zu Substanz bis zu der empfindenden Substanz fortgepflanzt und daß diese mit ihrem Bewegungszustand auch ihren Empfindungszustand abgeändert habe. Will man nun das Verhältnis zwischen Erfahrungsobjekt und Erfahrungssubjekt als ein »kausales« auffassen, so darf man wenigstens die Kausalität nur auf die Kombination der eintreffenden und der, der empfindenden Substanz eventuell eigen

gewesenen Bewegung anwenden, nicht aber sie in einer aller Erfahrung wie Erschließung entzogenen Umwandlung von Bewegung in Empfindung finden wollen.

IIIa.

93. Als wichtigstes Resultat der vorhergehenden Erwägung haben wir die Existenz empfindungsbegabter Substanzen erhalten. Wo immer wir in der Natur eine Empfindung anträfen, würden wir sonach auf eine solche, mit Empfindung begabte Substanz gestoßen sein. Wenn hiernach die Empfindung als Prädikat zunächst nur einer gewissen Zahl Substanzen zukommt, so erhebt doch das Bedürfnis, die Gesamtheit alles Seienden mit dem geringsten Kraftaufwand zu denken — indem es hier wie in anderen analogen Fällen verallgemeinert —, die Empfindung zur Eigenschaft der Substanz schlechthin. Diese Erhebung wird freilich durch den bereits berührten Umstand begünstigt, daß die Substanzen, die wir in Wahrheit zu erfassen glauben, nämlich wir selbst, mit Empfindung begabt sind, während wir wiederum keine Substanzen kennen, von denen wir aus Erfahrung wüßten, sie seien empfindungslos; denn der Behauptung, wir erführen doch von gewissen Substanzen, daß sie Empfindung nicht haben, läßt sich die andere gegenüberstellen, wir erführen nur nicht, daß sie welche haben: der Vorteil läge dann immer auf der Seite derer, welche die empfindenden Substanzen behaupten, weil diese wenigstens die einzige, hierin anstellbare Erfahrung für sich hätten — die Aussage des Selbstbewußtseins.

94. Es ist mir nicht zweifelhaft, daß die naturwissenschaftliche Weltauffassung sich im Laufe ihrer Entwicklung zu der Anerkennung der empfindenden Substanzen oder, in ihrer Sprache, der »bewußten Atome« wird entschließen müssen, weil die Unmöglichkeit, die Empfindung aus der unempfindenden Substanz abzuleiten, allmählich nicht minder zum Bewußtsein kommen muß, als die weitere Einsicht, daß diese Unmöglichkeit eine dadurch selbstgeschaffene ist, daß man — entgegen aller Erfahrung, die man in dieser Richtung haben konnte — die zugrundeliegende Substanz der Empfindung von vornherein bar erklärt hatte.[21])

95. Allein die naturwissenschaftliche Weltanschauung wird in ihrer Entwicklung — als welche unter dem Prinzip des kleinsten Kraftmaßes steht — noch einen weiteren Schritt tun müssen, so hart, weil ungewohnt, derselbe auch ihren jetzigen Vertretern erscheinen mag. Wie groß die Erleichterung sei, die dem Denken durch eine Weltanschauung geboten wird, welche in der Welt nichts erblickt, als bewegte und bewußte Atome oder als Substanzen, deren Äußeres durch Bewegung, deren Inneres durch Empfindung bestimmt ist — so wird dennoch das Denken durch das sich kräftigende Bewußtsein, daß noch immer in dieser Auffassung ein der Erfahrung nicht entnommenes Moment enthalten ist — es wird durch das Bedürfnis nach der reinen Erfahrung immer von neuem genötigt werden, auch diese Weltauffassung einer Revision zu unterwerfen, mit der Tendenz, dieses fremde Element auszuscheiden.

Welches dieses auszuscheidende Element sei, ist schon mehrfach angedeutet worden. Zuletzt gegen Ende des vorhergehenden Abschnittes, als hervorgehoben ward, daß in der Erfahrung der empfindenden Substanzen die Empfindung gewisser gegeben sei, als die Substanz; früher und entschiedener S. 37, an welcher Stelle die Substanzialität als eine Bestimmung bezeichnet ward, welche nicht in dem Materialen des wirklich Erfahrenen mitgegeben, sondern erst durch das Denken des Erfahrenden in dasselbe hineingelegt werde. Die Substanz also ist es, deren Elimination sich die Entwicklung des Weltgedankens auf die Dauer nicht wird entziehen können.

96. Wenn es indes auch heute wohl keinem Zweifel mehr unterliegt, daß die Substanz nur in einer unkontrollierten Erfahrung scheinbar, in keiner geprüften Erfahrung wirklich enthalten sei, so mag es heute — und wer weiß, auf wie lange hinaus? — doch noch zweifelhaft scheinen, ob trotzdem nicht ihre geforderte Elimination aus anderen, etwa psychologischen Gründen eine Unmöglichkeit sei. Fast scheint es, als ob bei der bereits vollzogenen Elimination der Kraft als Bewegendes und mit ihr der Kausalität die Sache einfacher gelegen habe; dort war die Einmengung eines subjektiven Gefühlszustandes zu ersichtlich und der durch die Elimination bewirkte Ein-

griff in das Wesen der Welt nicht so radikal, als daß man ihn nicht hätte leichteren Herzens oder freieren Geistes ausführen können. Hier handelt es sich jedoch nicht um einen so offenbaren Anthropomorphismus; dagegen wohl um eine die Welt im Innersten bestimmende Vorstellungsweise, welche mit unserem ganzen Erfahren und Erfassen der Welt auf das innigste verwebt erscheint. Diese Überlegung nötigt uns denn, vor Vollzug dieser wichtigsten Elimination uns noch einmal genauer zu vergegenwärtigen, was denn eigentlich die »Substanz« bedeute; um danach zu entscheiden, in welchem Sinne sie eventuell zu eliminieren sei — in welchem etwa beizubehalten.

IIIb.

97. Zu unserem Zwecke müssen wir zuvörderst mit einem kurzen Blicke das Verhältnis streifen, in welchem Sprach- und Denkentwicklung zueinander stehen.

Die ursprünglichen Wahrnehmungen, welche die Sprache bezeichnet, enthalten den Gegenstand noch als eine komplexe Einheit, welche zwar aus differenten Empfindungsmassen besteht, ohne daß indessen die Unterschiede durch Unterscheidung genügend zum Bewußtsein gebracht wären. Durch das, übrigens wiederum unter dem mächtigen Einfluß der Sprache sich mehr und mehr entwickelnde Unterscheidungsvermögen des Menschen wird die ursprüngliche komplexe Einheit des wahrgenommenen Gegenstandes aufgehoben; doch nur, um sogleich durch eine neue Einheit höherer Art ersetzt zu werden: die differenten Eigenschaften (Qualitäten im engeren Sinn und Bewegungen) werden durch Unterscheidung bemerkt, durch Benennung relativ isoliert und, unter Wirkung der Assoziationsgesetze, nun wieder auf die ursprüngliche Einheit, welche gleichfalls durch die Sprache konserviert blieb, als auf ihr Subjekt in der Form von Prädikaten zurückbezogen.

98. Hiermit ist der ursprünglich bezeichnete, in sich ununterschiedene Gegenstand als Ding seinen in ihm und von ihm unterschiedenen Eigenschaften gegenüber getreten. Dies so herbeigeführte Verhältnis wird aber sofort wieder durch das (nicht minder unter dem Einfluß der Sprache) sich

entwickelnde Selbstbewußtsein apperzipiert, d. h. der Subjekt-Gegenstand wird unter der Form menschlichen Handelns und Habens aufgefaßt, das »Ding« erscheint tätig und leidend, bewegend und besitzend: es führt seine Bewegungen aus, es besitzt seine Eigenschaften; wodurch denn zugleich auch dem Dinge sein kausalenergischer Charakter anapperzipiert wird.

99. Wie die Empfindungsunterschiede durch die eingetretene Unterscheidung aus dem ursprünglichen Gesamtkomplex des Wahrnehmungsgegenstandes herausgehoben und doch wieder auf denselben als seine Eigenschaften bezogen worden sind, so werden in demselben, nur etwas anders gerichteten Prozeß die im Bereich der Ausdehnung des Gegenstandes gelegenen Flächen, auf welche die verschiedenen Empfindungen verteilt erscheinen, eben durch die Unterscheidung der Empfindungen umgrenzt, durch diese Umgrenzung getrennt und gleichfalls sofort wieder zu der Einheit des ursprünglichen, nunmehr als Ganzes erfaßten Dinges als seine Teile vereint.

100. Durch alle diese nebeneinander und durcheinander vollzogenen Prozesse ist endlich der Eindruck von einem Gegenstande zu dem geworden, was man eine Wahrnehmung (als Resultat, nicht als Akt) im engeren Sinne zu nennen pflegt: eine intensiv bewußte, geordnete und einheitliche Vorstellung bez. Anschauung, welche die differenten Empfindungen, aus denen sie entstanden, als unterschiedene Eigenschaften bestimmter und abgegrenzter, aus Teilen bestehender, wirklicher und wirkender äußerer Dinge enthält. — Daß in einer solchen Wahrnehmung faktisch nicht alle Elemente wahrgenommen, sondern zum Teil hineingedacht sind, war bereits durch die Unterscheidung der reinen und gemischten Wahrnehmung gegeben, geht aber auch wieder aus der soeben angestellten Erwägung hervor.[22])

101. Durch das Festhalten der ursprünglich komplexen, ununterschiedenen Einheit (auch nach der inneren Gliederung derselben), welches die Sprache vermittelst des benennenden und bleibenden Wortes ermöglicht hatte, war also der einheitliche Gegenstand als Ding und Subjekt den Empfindungsinhalten als Eigenschaften und Prädikaten gegenübergestellt

worden. Während nun aber in diesem neuen Verhältnis die Eigenschaften als von dem Dinge (dem aktiv gedachten Gliede der eingetretenen Gegenüberstellung) abhängig aufgefaßt bleiben, entwickelt sich das durch seine Entstehung und Bedeutung bevorzugte Ding zu immer größerer Selbständigkeit seinen Eigenschaften gegenüber; denn in dem einen oder anderen Teile seines Umfanges wechselt die eine oder andere Eigenschaft und verliert sich sogar, ohne daß dadurch die Existenz des betreffenden Dinges selbst aufgehoben wäre. Indem somit das Ding auf der einen Seite immer unabhängiger von dem Vorhandensein bestimmter, und auf der anderen Seite immer verträglicher mit dem Vorhandensein verschiedenartigster Eigenschaften (den disparaten gleichzeitigen und den succedierenden disjunkten) wird, bildet es sich heraus zu dem wesentlich oder eigentlich Seienden, das den selbständigen Anhaltspunkt für die veränderlichen Eigenschaften und den ruhenden Mittelpunkt ihres Wechsels abgibt.

102. Von hier aus bis zur Substanz bedarf es nur noch eines Schrittes: das Verhältnis des Dinges als des Beharrenden und Zugrundeliegenden, im Gegensatz zu den Eigenschaften als des Anhängigen und Wechselnden, gelangt immer schärfer zum wissenschaftlichen Bewußtsein, es vollzieht sich die letzte Abstraktion von aller Besonderheit der mannigfaltigen Dinge und Eigenschaften, gleicherweise aber auch die Erhebung der relativen Beharrlichkeit, die dem Dinge immerhin nur zukam, zu einer absoluten — und die Welt zerfällt in zwei Klassen von Existenzen: in die Substanzen, welche als wirklich, unzerstörbar und für sich seiend, und in Accidenzen oder Modi, welche als wandelbar und nur an den Substanzen seiend gedacht werden.[23])

103. Was ist nun in Wahrheit die Substanz? Ehe wir unsere letzte Antwort darlegen, heben wir noch ein Moment aus der Entwicklung dieser Vorstellung gesondert hervor.

Um wahrzunehmen, daß etwas sich verändert habe, muß dieses Etwas selbst soweit unverändert geblieben sein, daß ich es noch als das frühere rekognoszieren kann; sonst fände ich nach seiner objektiven totalen Veränderung ein völlig neues Objekt vor und käme somit gar nicht zum Bewußtsein, daß eine Veränderung stattgefunden habe. Das heißt: zur Wahrnehmung aller Veränderung bedarf es einer Beziehung des Veränderten auf ein Unverändertes, wie es zur Wahrnehmung einer Bewegung, als welche ja gleichfalls eine Veränderung ist, der Beziehung auf ein Ruhendes bedarf.

104. Als die Sprachentwicklung ermöglichte, daß das Ding seinen Eigenschaften gegenübertrat, ermöglichte sie auch allererst das Bewußtsein von der Veränderlichkeit der Eigenschaften, denn ihre Veränderung konnte nun auf das gleichbleibende Ding bezogen werden. So war in der Vorstellung des Dinges der ruhende Punkt geschaffen, an welchem sich die immer feiner sich entwickelnde Wahrnehmung der Veränderung heranbilden konnte — und in demselben Maße, als das Bewußtsein von der Veränderlichkeit der Eigenschaften zunahm, mußte auch das Bewußtsein vom Beharren jenes Punktes sich ausbilden.

105. Freilich bleibt schließlich in dieser eindringenden allgemeinen Veränderung des ursprünglich benannten, sinnlich wahrgenommenen Gegenstandes nichts übrig als das beharrende Wort — dieses, wie es die Vorstellung ermöglichte vom (relativ) beharrenden Ding, welches nicht mehr selbst wahrgenommen wird, aber alles sinnlich Wahrgenommene als seine Eigenschaften in sich vereinigt, das Wort, sage ich, ist es denn auch, welches endlich die höchste Abstraktion in dieser Richtung, die Vorstellung der Substanz ermöglichte. Denn die zunehmende Erfahrung von der Veränderung regt den nach dem Absoluten verlangenden menschlichen Geist an,[24]) die Veränderung in Gedanken ins Endlose fortzusetzen und, der absoluten Veränderung entsprechend, die Beharrlichkeit des zugrundeliegenden Beharrenden auch als absolute zu denken. So ist denn die Substanz nichts als der absolut ruhende ideale Punkt, auf den die Veränderungen bezogen werden und der gedacht werden muß, um die Veränderungen absolut denken zu können.[25])

106. Die Substanz ist hiernach eine psychologisch notwendige Hilfsfunktion, um zur Vorstellung der absoluten

Veränderlichkeit zu gelangen, wie das Ding eine solche ist, um die relativen vorstellen zu können. Dem »Mechanismus« des Vorstellungslebens erliegend mußte die Substanz-Vorstellung ebensowohl für ein unabhängig vom denkenden Subjekt Existierendes gelten, als es zur Zeit des mittelalterlichen Realismus die Begriffe getan, welche nicht minder eine am gleichbleibenden Worte sich entwickelnde ideale Funktion sind. Und ebensowohl als heute die Begriffe aus dem Bereiche des als objektiv-real existierend Gedachten beseitigt sind, wird man sich entschließen müssen, auch die Substanz daraus zu eliminieren. Und nur um Elimination aus dem als real existierend Gedachten kann es sich handeln; nicht um Elimination aus unserem Denken, das immer der Vorstellung eines Ruhenden bedarf, um die Veränderung erfassen zu können, und das sich mit Notwendigkeit in den Formen bewegt, welche ihm die Sprache, in der es sich entwickelte, aufgedrückt hat.[26])

IIIc.

107. Wenn nach der angestellten Erwägung die Substanz nicht hoffen kann, aus ihrem Ursprung eine haltbare Berechtigung für ihr objektives Geltenlassen abzuleiten, so doch vielleicht trotzdem durch die Erwägung des Begreifens, welches sie durch ihr real Gedachtwerden dem menschlichen Denken der Welt gewährt. Prüfen wir also, welcher Art dieses Begreifen sei.

Der Gegensatz, in welchen die Substanz zu ihren Accidenzen getreten ist, war ein doppelter: die Substanz war das Beharrliche in dem Veränderlichen und das Zugrundeliegende für das Anhängige. Als Beharrliches war es weniger die Möglichkeit eines Begreifens der Veränderung, als die psychologische Hilfsleistung zu deren Vorstellen; wir werden also mehr auf der anderen Seite, in ihrem Zugrundeliegen, das begreifenschaffende Moment zu suchen haben.

108. Diese Vorstellung des Zugrundeliegens ist nun bereits das Produkt einer längeren Entwicklung, welche — gemäß der Entwicklung des wissenschaftlichen Denkens — auf Abschwächung einer ursprünglich völlig anthropomorphistischen

Apperzeption abgezielt hat. Letztere aber besteht in der schon erwähnten Auffassung des sich zu immer größerer Selbständigkeit loslösenden, in die Realität als Reales projizierten Subjektes durch das sich gleichzeitig ausbildende Selbstbewußtsein; das Subjekt ist diesem am Anfang gerade ein so energisch-aktives, wie das durch die Sprache entwickelte Ich; und seine Energie wird begriffen durch das als bekannt fungierende Verhältnis des tätigen Ich zu seinen Aktionen. Und hier wiederum ist der Punkt, an welchem die Kausalitäts- und Substanz-Vorstellung zusammenfließen.

109. Dieses durch eine naive Apperzeption bewirkte naive Begreifen hat sich nun als psychisches Überbleibsel erhalten durch alle Abschwächungen hindurch, welche das energische Subjekt erfahren, indem es zum Träger und, noch abstrakter, zum unbestimmten Zugrundeliegenden herabgedrückt wurde; es blieb die durch die Sprache hervorgerufene und konservierte Gewohnheit, die von außen kommenden Einflüsse als Leistung eines in oder hinter dem Wahrnehmbaren befindlichen Etwas aufzufassen, und die Behauptung: wir könnten das außer uns Seiende nicht ohne diese verborgene Substanz begreifen, beweist nur, wie tief eingewurzelt in dem Denken jene Gewohnheit noch ist und wie leicht uns auch heute das Gewohnte als Begriffenes erscheint.

110. Wie sehr nun dem modernen Denken ein solches Gewohnheitsbegreifen noch immer als wertvolle Erleichterung gelten mag, die weiterschreitende Entwicklung des Denkens wird dennoch — gemäß dem Prinzip des kleinsten Kraftmaßes — diese Erleichterung allmählich und um so wahrscheinlicher aufgeben müssen, als die Substanz-Vorstellung endlich so große Beschwernisse herbeiführt, daß ihr Gewohnheitswert nicht entfernt mehr ihre Nachteile aufwiegt. Dies uns bewußt zu machen, werfen wir noch einen Blick auf die wichtigste jüngere Entwicklung des Verhältnisses des Dinges zu seinen Eigenschaften.

111. Es mußte nämlich in der Ausbildung des Denkens der Punkt eintreten, wo es zum Bewußtsein kam, daß das, was man als Eigenschaften des Dinges bezeichnete, Empfindungen des empfindenden Subjektes seien; damit hörten

die Eigenschaften auf, dem Dinge — wie doch ihre Benennung besagt — selbst anzugehören; sie traten aus ihrem ursprünglichen Anhängigkeitsverhältnis zum Dinge und dafür in ein idealistischeres Verhältnis zu dem empfindenden Subjekt. Infolgedessen mußte sich eine Unterscheidung herausbilden zwischen dem Dinge, wie es für das empfindende Subjekt war, und dem Dinge, wie es an sich sein möge.

112. Diese Entdeckung des Dinges an sich mußte indessen weitere veranlassen. Die Unterscheidung des Dinges an sich und des Dinges für uns basierte auf der älteren naiven Apperzeption, welche dem Dinge Energie beilegt — vermöge dieser Energie affizierte es ein anderes Subjekt. Nun aber entwickelte sich durch dieselbe schärfere Analyse, welche das Ding an sich entdecken ließ, das weitere Bewußtsein, daß auch die Energie des Dinges nur eine Hineinapperzipierung war; ebenso wie es die Substanz ist, welcher Umstand denn gleichfalls unverborgen blieb.

113. Hier ruhte nun zuvörderst die Entwicklung des Substanzbewußtseins; es erfaßte nicht sogleich, daß jetzt die Substanz und ihre Energie eine doppelte Existenz führten: einmal als Ding an sich und seine Affizierung real, sodann als Substanz und Kausalität »nur subjektiv«. Als sich diese Doppelexistenz und mit ihr der darinliegende Widerspruch später in das menschliche Bewußtsein hob, mußte die Unmöglichkeit, ebendiesen Widerspruch vom selben Standpunkte aus zu lösen, wieder das weitere Bewußtsein entwickeln: es sei dieser Widerspruch unlösbar und in der Natur des menschlichen Denkens gegründet.

114. Allerdings ist er letzeres — er ist es, insofern das menschliche Denken ein Denken in der Sprache ist; aber er ist deswegen nicht unlösbar, weil unser Denken nicht absolut der Sprache unterworfen ist. Dasselbe Verfahren, welches uns vom Bann der Sprache emanzipiert, hätte auch die Lösung jenes Widerspruches ermöglicht: der Akt nämlich, in dem wir uns bewußt machen, daß die Wurzel der Substanzvorstellung in der Sprachentwicklung haftet, und nicht im Bereich des außer uns Seienden.

Noch heute tritt der Philosoph unter die Danaïden-Aufgabe, das Ding an sich in seinem objektiven Wesen zu »erkennen« oder doch den Umfang unseres »Erkenntnisvermögens« an dessen Erkennbarkeit bez. Nichterkennbarkeit zu messen. Und diese ungeheure Summe von geistiger Kraft und bestgemeinter Arbeit verschwendet an die metaphysische Bestimmung einer hypostasierten Hilfsvorstellung, an ein in Wahrheit objektloses Problem, an die Auffindung eines Ariadnefadens aus einem vorher selbstgeschaffenen Labyrinth, welches schließlich nur in der Meinung der Suchenden besteht.[31])

IV.

115. Nachdem die soeben vollzogenen Erörterungen den Zweifel zerstreut haben, ob wir die Substanzvorstellung aus unserer Weltauffassung eliminieren können, und es zur hohen Wahrscheinlichkeit geworden ist, daß wir sie im Laufe der normalen Denkentwicklung daraus eliminieren müssen — so wird sie uns hier als eliminiert gelten dürfen.

116. Das Seiende war anerkannt worden als mit Empfindung begabte Substanz; die Substanz fällt weg, es bleibt die Empfindung: das Seiende wird demnach als Empfindung zu denken sein, welcher nichts Empfindungsloses mehr zu Grunde liegt.

117. Sonach bleibt uns nur noch die Bestimmung des Verhältnisses der Bewegung zur Empfindung übrig; wobei freilich unter Bewegung nicht die bloße Ortsveränderung gemeint ist, sondern diejenige Bewegung, welche die Naturwissenschaft als Schwingung ihren Atomen auch dann beilegte, wenn diese sonst in keiner fortschreitenden Bewegung begriffen sind.

Muß angenommen werden, daß eine solche Bewegung existiert und dem Seienden wesentlich ist, so wird man dieselbe nicht ignorieren können, wenn das Seiende auch anders — als Empfindung — gedacht wird. Wir werden dabei aber festzuhalten haben, daß in der Bewegung kein neuer Inhalt des Seienden gegeben ist, insofern uns nur die Empfindungen zu Gebote stehen, um damit den Inhalt des Seienden zu bestimmen. Bewegung jedoch hat keine Empfindung zum Inhalt; wir haben zwar Bewegungsempfindungen, diese sind aber nur Gefühle, welche unsere Bewegungen begleiten, von denselben völlig verschieden und durchaus nicht mit ihnen zu verwechseln sind.

118. Auch erfahren wir die Bewegung nicht als etwas Isoliertes, sondern immer nur an einem Seienden, welches sich bewegt oder — da dieser Ausdruck wieder an eine Hypostase erinnert, und insofern eine gewisse Bewegung jenem Seienden eigentümlich sein soll — sagen wir: welches diese Bewegung ist.

119. Insofern nun aber das Seiende nicht inhaltlich Bewegung sein kann, so wird am zweckmäßigsten die Bewegung nur als Form des Seins bestimmt werden, im Gegensatz zu der Empfindung, welche den Inhalt alles Seins ausmachend gedacht wird.

120. Eine solche Auffassung läßt uns nicht mehr versuchen, Empfindung aus Bewegung abzuleiten,[28]) indem sie trotzdem der Erfahrung der engen Verbindung von Empfindung und Bewegung gerecht wird.

121. Insbesondere empfängt durch diese Auffassung unsere Vorstellung vom Wahrnehmungsakte eine wichtige Ergänzung insoweit, als der Bewegungsänderung die Empfindungsänderung überall koordiniert bleibt. Wir werden also im Wahrnehmungsakte nunmehr, wo die Substanz als eliminiert gilt, nicht nur eine Fortpflanzung der Bewegung, sondern auch eine solche der Empfindung zu erblicken haben.

122. Doch wäre es voreilig, hieraus zu folgern, daß nun auch die subjektive Empfindung die gleiche wie die objektive sei, da gerade die Koordination von Bewegung und Empfindung mit der Bewegungsänderung, die — nach unserem jetzigen Wissen — im Wahrnehmungsakt gesetzt ist, eine Empfindungsänderung gebieten würde.

123. Aber wäre es vielleicht nicht minder voreilig, zu behaupten, daß wir darum nie dazu gelangen könnten, den normalen, eventuell unter den einfachsten Verhältnissen gegebenen Wahrnehmungsakt in einer Weise wissenschaftlich aufzufassen, welche die Anfangs- und Endbewegungen in jenem Akte gleichzusetzen erlaubte?

V.

124. Wir sind am Ende unserer Untersuchungen angelangt. Unsere Aufgabe war gewesen, die Gestaltung der Philosophie aus dem allgemeinsten Begriff des Seienden — wenn ich so sagen darf: zu berechnen, insofern sie sich nur nach theoretischen Interessen und gemäß dem Prinzip des kleinsten Kraftmaßes entwickeln werde.

Das Resultat unserer Untersuchung war, daß alles Sein dem Inhalt nach als Empfindung, der Form nach als Bewegung zu denken sei. Dies also der allgemeine Begriff, unter welchen sich alles Seiende — welcher sich unter keinen allgemeineren materiellen Begriff subsumieren läßt, und aus welchem das Prinzip des kleinsten Kraftmaßes nur insofern noch ein weiteres Problem bilden kann, als es zu dem kühnen Versuche antreibt: ob sich nicht die begriffliche Einheit aller Empfindungen durch eine ursprüngliche, metaphysische Empfindungseinheit werde ergänzen lassen.

125. Was eine solche Unternehmung zunächst hindern würde, wäre die entgegengesetzte, aber aus anderen Gründen näher liegende Auffassung, welche das Seiende durch die differenten Empfindungen, wie wir sie in uns vorfinden — mithin als aus ursprünglich differenten und inhaltlich unveränderlichen einfachen Empfindungen bestehend zu denken anempfiehlt. Letzterer Auffassung, so vorbereitet sie auch unser heutiges Denken finden mag, dürfte man doch nur mit Vorsicht eine größere Geltung einräumen. Es sei erlaubt, unser Zögern, jene gutempfohlene Anschauung ohne weiteres anzunehmen, durch eine letzte, zum Teil rückgreifende Erwägung zu motivieren.

126. Insofern die Naturwissenschaft darauf ausgeht, die natürlichen Vorgänge begreiflich zu machen, wird sie von dem Punkte an, wo die mangelnde Wahrnehmung dem Vorstellen eine gewisse Freiheit läßt, sich dem Bedürfnis des Vorstellenden anzupassen, es wird, sagen wir, von da an das naturwissenschaftliche Denken die Vorstellungen von dem Seienden nach dem Bedürfnis des Begreifens weiterentwickeln. Nun gehört, wie wir früher behandelt, zum Begreifen die Subsumtion des zu Begreifenden unter einen allgemeinen Begriff,

der das zum Begreifen erforderliche Bekannte enthält. In allen den Fällen also, wo die Forschung einen Veränderungsvorgang als zusammengesetzten erfaßt, wird sie auch dadurch ein Begreifen desselben herbeizuführen suchen, daß sie das Forschungsobjekt in seine Teile, den Gesamtvorgang in eine Reihe oder Gruppe einfacher Vorgänge auflöst, welche Teilvorgänge bereits als bekannt gelten oder doch sich alsbald unter den Begriff analoger einfacher und als bekannt geltender Vorgänge subsumieren lassen. So wird der Mechanismus einer Uhr begriffen, indem man die ineinandergreifenden Räderpaare und die elastische Feder einzeln aufweist und eventuell dann die Art ihres Zusammenwirkens zeigt; so wird auch der Eindruck des Begreifens angesichts einer Reflexbewegung hervorgerufen, wenn man den Vorgang zerlegt in die Momente des eintretenden Reizes, seiner Weiterleitung erst im sensibeln, dann — nach Passierung eines Zentralorgans — im motorischen Nerven, und seines endlichen Auslösens einer Zuckung im Muskel.

127. Da also das Zerlegen dem Bedürfnis zu begreifen Befriedigung gewährt, so wird der Zerlegungsprozeß von da an in Gedanken fortgesetzt, wo die Erfahrung ihre Bestätigung versagt und nur noch die im Zerlegen einzuschlagende Richtung angeben kann. Der eingeleitete eigentlich endlose Prozeß, wie er in Gedanken begonnen ward, kann auch nur in Gedanken und zwar nur dadurch beendet werden, daß er an irgend einer Stelle unterbrochen und durch eine neue Vorstellung an einem im Dunkeln gelassenen entfernteren Punkte als beendet fingiert wird.

128. Diese beendenden Vorstellungen gewähren mithin außer dem Gefühl des Begreifens noch nach zwei Seiten intellektuelle Erleichterungen: einmal, indem sie ausdrücken, daß ihr Objekt kein Zusammengesetztes mehr, sondern ein Einfaches sei, also den Prozeß der Zerlegung abschließen; sodann, indem sie zugleich das nicht mehr Zerlegbare als nunmehr in sich unveränderlich auffassen und somit die Forderung einer immer weiteren inhaltlichen Veränderlichkeit des Seienden beruhigen: das Einfache ist nun das inhaltlich Unveränderliche, obwohl es in seinen einzugehenden Verbin-

dungen der absoluten Veränderung unterworfen bleibt. — Eine solche fingierte abschließende Vorstellung ist in derjenigen der Atome enthalten, insofern sie unzerlegbar und unveränderlich sein sollen.[29])

129. Nun mußte sich aber derselbe Prozeß auch nach einer anderen Seite entwickeln. Die Atome enthalten zugleich die Substanzvorstellung, in welcher die Vorstellung der Unveränderlichkeit, in anderer Beziehung gedacht, als das zugrunde liegende Beharrliche erscheint. Wie wir uns erinnern, hatte die Sprache bei Bildung der Substanzvorstellung ihren Einfluß dahin wirken lassen, daß dem durch das Wort bezeichneten Subjekt eine selbständige, sozusagen individualistische Stellung im Bewußtsein eingeräumt wurde, welche begünstigte Stellung jedoch auch für objektiv galt. Es wäre nun zu erwarten, daß sich auch in Bezug auf die Eigenschaften dieselbe Vorstellung der Selbständigkeit entwickelt habe, da sie durch die Sprache, ebenso wie das Subjekt, eine selbständige Benennung erfahren hatten. Die Tendenz hierzu ist vorhanden; daß sie nicht zur vollen Entwicklung gelangte, lag an der entgegenwirkenden Vorstellung ihrer totalen Abhängigkeit von der Substanz. So wie man die Eigenschaften selbst anders, nämlich als Vorstellungen oder, genauer, Empfindungen fassen lernte, die zur Substanz nur noch in einem mehr indirekten Verhältnisse standen, trat auch deren Individualisierung ein und werden nun die Vorstellungen oder Empfindungen, nach Analogie der Atome, als in ihrer Eigenart beharrliche Wesen behandelt.

130. In der Tat wird die Vorstellung von der eigenartlichen Beharrlichkeit der Empfindungen auch so lange durch eine gewisse Erfahrung bestätigt, als das Denken sich noch in der Sprache bewegt; denn die Sprache verleiht dem Flüchtigsten, sobald es nur einmal zur Bemerkung und Benennung gelangt ist, eine gleichsam geschichtliche Dauer, insofern sie es durch das benennende Wort festhält — eine Konstanz, die allerdings nur im menschlichen Bewußtsein vorhanden ist, doch leicht für objektiv genommen werden kann, wie denn eine Empfindung dadurch, daß ein bestimmtes beharrendes Wort immer nur auf eine gleiche Empfindung

bezogen wird, stets als eine inhaltlich beharrende erscheinen muß.

131. So wird denn diese sozusagen atomistische Individualisierung der Empfindungen möglicherweise ein unentbehrliches Hilfsmittel bleiben, den Eindruck des Begreifens unserem Empfindungs- bez. Vorstellungsleben gegenüber zu erzeugen; allein es ist doch davor zu warnen, nun auch die Welt aufzufassen als eine Art Kaleidoskop, welches sich aus solchen Empfindungsmosaikstückchen zusammenstellt.

132. Für die gegensätzliche Ansicht, daß die Empfindungen fähig wären, ineinander überzugehen, daß sich also eine aus der anderen zu entwickeln vermöchte, mithin schließlich alle differenten Empfindungen aus einer ursprünglich gleichinhaltlichen Empfindung durch Selbstdifferenzierung entstanden sein könnten — hierfür läßt sich indessen bisher auch Positives nichts als ihr Wert angesichts des Prinzips des kleinsten Kraftmaßes anführen, obwohl sich in der neueren Psychologie Bestrebungen regen, welche ein bestimmteres Material für jene eminent monistische Ansicht zu versprechen scheinen.[30])

Anmerkungen.

1. (S. 12.) Zum Zwecke näherer Kenntnisnahme des Apperzeptionsprozesses verweise ich auf die vortreffliche Darlegung H. Steinthals in dessen »Abriß der Sprachwissenschaft« (Berlin, 1871, Teil I, S. 166ff.); hier nur eine kürzere Stelle (S. 179) reproduzierend: »Alles Kennen-Lernen wie alles Wiedererkennen ist Apperzeption . . . . Eine Apperzeption ist sowohl die wirkliche, erstmalige Schöpfung einer Anschauung oder eines Begriffes oder die Gewinnung eines Gedankens, als auch jede Wiederholung, Erinnerung derselben. In Apperzeptionen bewegt sich also unser ganzes theoretisches Leben.«

2. (S. 12.) In dem Anm. 1 angeführten Werke, S. 211 f.

3. (S. 14.) Über die bloße zweckmäßige Anordnung hinausgreifend, verlangt die Mathematik in der »Eleganz« ihrer Lösungen den Aufwand der relativ kleinsten Mittel durch Kondensierung und geeignete Auswahl der verbindenden Vorstellungen. Verwandte Forderungen in Bezug auf alle wissenschaftliche Darstellung werden später angemerkt werden.

4. (S. 14.) Zur ferneren Illustration der gemütischen Wirksamkeit der Konzentration und Sicherheit der Apperzeption werde noch einerseits auf die unlust- bez. lustvolle Wirkung hingewiesen, welche schon die bloße Vorstellung der Kraftzersplitterung bez. Kraftkonzentration (Energie) auf uns übt. Andererseits werde sogleich hier an ein intensiv empfundenes Bedürfnis erinnert, das in der Geschichte der Philosophie eine wichtige Rolle spielt: an das hochentwickelte Streben nach allgemeinen und notwendigen Urteilen. Das kraftersparende Element der Notwendigkeit im Urteil erhellt aus dem im Text Bemerkten; die Zweckmäßigkeit der Allgemeinheit im Urteil wird sich aus dem weiteren Verlauf unserer Untersuchung ergeben.

5. (S. 15) Ludwig Noiré, Die Welt als Entwicklung des Geistes. Bausteine zu einer monistischen Weltanschauung. Leipzig, 1874, S. 4f.

6. (S. 17) J. Fr. Fries, Neue oder anthropologische Kritik der Vernunft. 2. Aufl. Heidelberg, 1828, Bd. I, S. 167.

7. (S. 17.) Als Beispiel für die passive Gewohnheit wäre die allmählich eingetretene Gewöhnung an eine im Anfang unbehagliche Temperatur, die zuletzt gar nicht mehr bemerkt wird, anzuführen; für die aktive Gewohnheit geben alle eingeübten und angelernten Bewegungs- und Vorstellungsreihen bekannte Beispiele.

8. (S. 19.) Es leuchtet schon aus dem Gesagten hervor, daß es in vielen Fällen nicht völlig die gewöhnlichen Mittel sind, mit denen in den angegebenen Apperzeptionen die größere Leistung vollzogen wird. Die erstmalige Apperzeption erheischt hier eine vermehrte Anstrengung; die Wiederholung aber wird allmählich, in besonders günstigen Fällen auch sofort, mit demselben Kraftaufwand vollzogen, sodaß der Seele als dauernder Gewinn eine größere Leistungsfähigkeit erworben wird und erhalten bleibt.

9. (S. 21.) Aug. Schleicher, Die Darwinsche Theorie und die Sprachwissenschaft. 2. Aufl. Weimar, 1873, S. 24ff.

10. (S. 22.) Lazarus Geiger, Ursprung der Sprache, Stuttgart 1869, S. 55ff.; Ursprung und Entwicklung der menschlichen Sprache und Vernunft, Band I, Stuttgart, 1868, S. 223ff.

11. (S. 22.) Das Walten des Prinzips des kleinsten Kraftmaßes innerhalb der Entstehung und Entwicklung der Sprache zu verfolgen, fällt zum großen Teil außerhalb unserer Aufgabe, da die Sprache bereits auf der Grenze des psychologischen und physiologischen Gebietes liegt, wie denn z. B. die Lautveränderung, an welcher sich das Streben nach Kraftersparnis hervorragend betätigt, schon rein physiologisch ist. — Einzelheiten, welche ganz psychologischer Natur sind und Belege für die Wirksamkeit unseres Prinzips abgeben würden, sind gewiß auf das reichlichste in der Entwicklung der verschiedenen Sprachen enthalten, sodaß es recht zu wünschen wäre, wenn die Sprachen philologischerseits einmal daraufhin mitbetrachtet würden. Zwei Beispiele solcher Einzelbelege entnehme ich L. Geigers in der vorhergehenden Anmerkung angeführtem Hauptwerk (Ursprung und Entwicklung u. s. w.) Bd. I, S. 381f. u. 369ff.: Ein neues oder vollkommeneres Denkelement, an einem bevorzugten Punkte der Erde entstanden, hat eine ebenso unwiderstehliche, ansteckende Gewalt wie eine große technische Erfindung, und ist zur Übertragung und Verbreitung nicht weniger geeignet, als die Feuerwaffe und die Buchstabenschrift. Das unscheinbare semitische Wörtchen *va*, und, ist weit über seine Heimat hinaus, z. B. ins Persische, Afghanische, Türkische gedrungen; bei den Persern verdrängte es früh das in den Zendschriften gebräuchliche postpositive *ca*, welches (im Gegensatz zu und, *et*, καὶ, *uta* u. s. w.) der indogermanischen Ursprache angehörte, aber ein weniger vollkommenes Mittel der Verbindung zweier Begriffe war, als die, wie unser und, einfach zwischen dieselbe zu setzende semitische Partikel . . . . Die Syrer fingen unter griechischem Einflusse an, über diese symmetrische Einfachheit des semitischen Stils hinauszustreben: sie nahmen das ihrem Sprachstamme fehlende postpositive Aber, und sogar die so charakteristisch griechische Doppelpartikel μὲν·δὲ, in der Form *man-den*,

mitten in ihre ganz semitischen Sätze auf. So gewiß ist es, daß die Völker sich gegenseitig ihre sprachlichen Vorzüge und Errungenschaften zu nutze machen, auch wenn dieselben ganz innerlicher, logischer Natur sind. Und um auf die Zahlwörter selbst zurückzukommen, so verdrängt das dekadische System, ohne Zweifel infolge einer größeren Angemessenheit für den natürlichen Umfang unserer Anschauung, die anderen, besonders das Vigesimalsystem, fast überall, wo sie sich berühren.«

Das zweite Beispiel oder die zweite Beispielsgruppe ergibt die folgende Betrachtung des Dual: »Ein noch interessanteres Denkmal aus einer grammatischen Urperiode ist der Dual. Er ist in vielen Sprachen verschiedenen Stammes nachzuweisen, aber auch fast überall schon verloren oder im Begriff, sich zu verlieren . . . . Dieser durch mehrere Sprachen gehende Zug, den Dual zurückzudrängen, so daß er auf natürliche Paare beschränkt wird und zuletzt nur bei den Zahlwörtern zweihundert, zweitausend oder gar bloß zwei als unverstandene Endung übrig bleibt, ist sehr wohl begreiflich. Wozu soll es auch, zwei Männer durch die Deklinationsform ἄνδρε auszudrücken, wenn man sich doch für drei, vier, fünf Männer der Zahlwörter bedienen muß, und überdies noch dem Zeitwort eine andere Form zu geben, weil die Handlung von zweien und nicht von dreien verrichtet wird? Alle Schönheiten, die man für diese Ausdrucksweise aufzufinden gewußt hat, liegen der Absicht der Sprache fern. Die Zweizahl ist eine Vorstufe der Mehrzahl, sie ist ein Versuch des Geistes, sich des Begriffes der Mehrheit zu bemächtigen, keineswegs eine der Natur abgelauschte Feinheit weiterer Unterscheidung. Nachdem die Mehrheit, nachdem vollends das Zahlwort geschaffen ist, hat sie ihren Dienst getan; sie stirbt ab und bleibt nur hie und da noch als ein verkümmertes Organ zurück. Als Beweis dieses Hergangs glaube ich die semitischen Sprachen anführen zu können . . . . Die Vielheit hat also aller Wahrscheinlichkeit nach erst von der Zweiheit aus einen grammatischen Ausdruck gefunden, wie denn die Zahl zwei erfahrungsmäßig der Anschauung noch nicht zählender Völker zunächst sich aufdrängt . . . . Aber wir dürfen darum an den Anfang dieses Prozesses kein bestimmtes Zahlenbewußtsein, auch selbst von dem Begriffe Zwei, setzen. Das Gefühl des Unterschieds zwischen Zwei und Drei gelangte erst zum Bewußtsein, als sich die Formen schieden. Die Sprache lenkte damit in eine Bahn ein, welche, weiter verfolgt, dahin geführt haben würde, die Zahlenreihe durch verschiedene Flexionen am Hauptworte auszudrücken. Allein, das Zahlwort entstand. Das Zahlwort Zwei wurde für den Dual tödlich, ebenso wie die Präposition es für die Kasusflexion, das Hilfszeitwort es teilweise für Zeit und Modus geworden sind. Analoge Entwicklungen wurden im Keim erstickt; die Dualform selbst ergriff, um sich zu retten, hie und da eine besondere Funktion, die ihr auch den neuen Sprachmitteln gegenüber noch einen Wert belassen konnte: sie drückte das von Natur Zweifache, das paarweise Zusammengehörige aus. Daß dieses aber seine Urbedeutung gewesen, ist nur aus dem Hebräischen abstrahiert. Schon das

Arabische kennt diese Beschränkung nicht, und im Hebräischen selbst zeigen noch Duale, wie zwei Tage, zwei Jahre, zwei Ströme, zwei Lager und andere vereinzelte Reste ein gleiches Verhältnis an.«

12. (S. 23.) Ich gestehe, daß ich durch Steinthal (S. 207 ff. seines Anm. 1 angeführten Werkes), welcher die beiden Apperzeptionen die »identifizierende« und »subsumierende« nennt, nicht völlig überzeugt bin, ob es noch andere, rein theoretische Apperzeptionen gebe. Was Steinthal unter dem Namen der »harmonisierenden« Apperzeption zusammenfaßt, sind zum Teil geradezu und ausgesprochenermaßen dem Wesen nach identifizierende und subsumierende Apperzeptionen (z. B. die Enthymemata), zum Teil Apperzeptionen der Neigung und anderer Gefühle, zum Teil endlich Assoziationsausführungen, welche auf die Herstellung eines Zusammenhanges gehen und in der wissenschaftlichen Erkenntnis erst eine meist subsumierende Apperzeption vorbereiten. So sucht der Historiker eine Einzelbegebenheit aus dem Zusammenhang der Zustände und Ereignisse zu begreifen, weil die Art des Zusammenhanges als eine kausale gedacht wird; so will der Philologe den Zusammenhang der ursprünglichen Vorstellungen eines Autors herstellen, indem er an einer fraglichen Stelle dasjenige Wort, d. h. diejenige Vorstellung sucht, deren supponiertes Vorhandensein das Vorhandensein der übrigen Worte und damit diese selbst am besten begreiflich macht; so sucht der Archäolog oder Paläontolog aus einem erhaltenen Teil das verloren gegangene Ganze zu rekonstruieren, um aus der nach ästhetischen oder natürlichen Gesetzen bestimmten Art des Zusammenhanges des Teiles mit den übrigen den gefundenen Teil in seiner Form und Wirkung besser zu begreifen. Es bestehen also bei einer solchen Einordnung eines Teiles in oder an ein anschauliches Ganze die engagierten Apperzeptionen einerseits in denjenigen Subsumtionen, durch welche das betreffende Objekt überhaupt als Teil und dann wieder der Teil durch die Vorstellungen von den Verhältnissen, in welchen Teile zu einem Ganzen stehen können, aufgefaßt werden; andererseits in Identifikationen, durch welche ein Objekt gerade als ein bestimmtes oder als das gesuchte ausgesagt wird. Ob aber außerdem sich die koordinierten (durch die betreffenden Verbindungsvorstellungen apperzipierten und verbundenen) Teilvorstellungen nun noch untereinander und gegenseitig apperzipieren, scheint mir doch zweifelhaft. Endlich ist auch das Hinzudenken eines bestimmten Umstandes als Ursache zu einem Gegebenen doch wohl insofern auch eine Subsumtion, als dabei der bestimmte Umstand unter die allgemeine Vorstellung der Ursächlichkeit subsumiert und dadurch ja das Begreifen erzeugt wird; wie wenn z. B. das Vorhandensein eines erratischen Blockes an irgend einer Stelle durch die Vorstellung seines Transportes auf einer Eisscholle begriffen wird. Wie mit der Ursache, verhält es sich dann auch mit dem Grunde. — Die vierte Apperzeptionsklasse, die Steinthal anführt, die von ihm sogenannte »schöpferische«, scheint mir — insoweit sie dadurch charakterisiert ist, daß in den betreffenden Fällen das apperzipierende

Moment selbst erst geschaffen wird — nur in den Probeapperzeptionen zu bestehen, welche einer definitiven Apperzeption vorangehen, selbst aber nur identifizierender oder subsumierender Natur sind.

Diese Andeutungen mögen hier genügen zu meiner Rechtfertigung oder wenigstens Entschuldigung, wenn ich im Texte nur die identifizierende und subsumierende Apperzeption als theoretische behandelt habe; sind es doch auch diese allein, welche eine Erkenntnis bewirken, da alle »Erkenntnis« nur in einem Bekanntwerden objektiver Verhältnisse und in einer Rückführung auf Bekanntgewordenes besteht. Anderweite Gründe vielleicht bei einer anderen Gelegenheit.

13. (S. 24.) Hier noch eine Bemerkung über die Sprache. Wie man sieht, dient dieselbe, indem sie das Denken in Begriffen durch das Wort ermöglicht, wieder und zwar nach zweiten in eminenter Weise dem Prinzip des kleinsten Kraftmaßes. Einmal setzt sie an Stelle der bestimmten Einzelanschauung die ganze unbegrenzte Reihe aller gleichartigen Anschauungen, sodann läßt sie nur die Wortvorstellung voll bewußt werden, während die sämtlichen Einzelanschauungen, welche durch das Wort vertreten werden, nur mitschwingen. So wird durch die Differenzierung der Vorstellungsintensität das Denken in schneller Aufeinanderfolge von den verschiedenartigsten Vorstellungen erfüllt, welche alle als Anschauungen wirken, ohne doch angeschaut zu sein, und welche, wenn sie wirklich einzeln angeschaut werden sollten, einen unschätzbaren Aufwand von Kraft und Zeit erfordern und trotzdem ihrer Übersichtlichkeit und Zusammenfaßbarkeit nur verlustig gehen würden. Vergl. Steinthals in Anm. 1 angeführtes Werk, namentlich S. 432 ff.

An der Differenzierung der Vorstellungen dem Inhalte nach beteiligt sich die Sprache insofern, als sie einmal gewonnene Unterschiede durch die Benennung festhält und zu vollerem Bewußtsein bringt, somit stets den Boden für neue Unterscheidungen vorbereitet. Vergl. hierzu im Text S. 58 f.

14. (S. 25.) Die kürzere Fassung, in welcher wir im Text den der Logik entlehnten Satz angeführt, genügt für unseren Zweck. Über den mathematisch genaueren Ausdruck vergleiche indes M. W. Drobisch, Neue Darlegung der Logik. 3. Aufl. Leipzig, 1863, S. 30. — Noch sei hier, wo wir die ausschließliche Betrachtung des Prinzips des kleinsten Kraftmaßes abzubrechen gedenken, erlaubt, eine Bemerkung über das Walten jenes Prinzips in einigen anderen, außerhalb unserer enger begrenzten Aufgabe gelegenen Gebieten der menschlichen Interessen hinzuzufügen.

Daß zunächst das behandelte Prinzip auch eine ästhetische Bedeutung haben müsse, ist von vornherein einleuchtend; denn die Aufnahme eines Kunstwerkes ist eine Reproduktion, mithin auch eine Produktion innerhalb des Vorstellungslebens des Aufnehmenden, welche — je nachdem sie durch die Konstitution des aufzunehmenden Kunstwerkes dem Prinzip des kleinsten Kraftmaßes gemäß oder ungemäß dirigiert wird — von Gefühlen der Lust bez. Unlust begleitet sein muß. Begleiteten doch diese Gefühle, wie wir uns erinnern, mehr oder minder deutlich jede Befolgung bez. Verletzung des fraglichen Prinzips.

In der Tat sehen wir die besprochenen Momente, die wir im theoretischen Denken wirksam gefunden, in der Kunst selbständig wieder auftreten. Hier wie dort die Scheu vor dem Widersprechenden und dem Überflüssigen, hier wie dort die Forderung der Übersichtlichkeit und der Wahrung eines inneren Zusammenhanges bei der Anordnung, hier wie dort das Verlangen nach Klarheit und Sicherheit (Zweifellosigkeit) der Apperzeptionen, hier wie dort in der höheren Entwicklung ein Streben nach organischer Gliederung. Ein weiteres Streben nach Einheit werden wir beim theoretischen Denken noch zu betrachten haben; innerhalb der Kunst tritt uns dasselbe entgegen in dem Bedürfnis nach Einheit des Charakters, der Anlage, der Handlung, der Idee — und insofern eine Idee die Einheit enthält, durch welche sich das Ganze apperzipieren läßt, scheint uns sogar das Ganze nur diese Idee darstellen zu sollen.

Noch deutlicher fast als im theoretischen Denken zeigt sich in der Kunst die Bestimmung des Verhältnisses der Mittel zu der Leistung durch das Prinzip des kleinsten Kraftmaßes. Wir wollen in der Kunst die »einfachsten« Mittel; richtig verstanden hat der Satz zunächst nur eine negative Bedeutung: es soll nichts als Mittel verwendet werden, was nicht auch als Mittel zum Zwecke wirkt. Im übrigen darf die Anwendung der Mittel ihr Maß nur an der beabsichtigten — die Beurteilung der Mittel ihr Maß nur an der erreichten Leistung nehmen. Es sind alle und selbst die gewaltigsten und mannigfaltigsten Mittel völlig gemäß dem Prinzip des kleinsten Kraftmaßes, wenn sie in ihrer Integrität die entsprechende Wirkung leisten; und sie sind ästhetisch völlig berechtigt, wenn die erlangte Wirkung eine ästhetische ist: wobei freilich die größere oder geringere Apperzeptionsfähigkeit des Aufnehmenden die meist individuelle und subjektive Entscheidung abgibt: denn jeder, der Begabteste wie Unbegabteste, findet schließlich den Maßstab zur Beurteilung ästhetischer Wirksamkeit nur in sich und seinen Kräften. — So bedeutet übrigens auch im theoretischen Denken die Forderung der kleinsten Mittel nicht, daß überhaupt nur das geringste Maß von Vorstellungen entwickelt, sondern daß zu einer aufgegebenen Apperzeption nur dasjenige Maß von Vorstellungen verwendet werde, welches zu ihrer Vollziehung gebraucht wird. Das Prinzip des kleinsten Kraftmaßes ist nicht ein Prinzip der Gedankenlosigkeit, sondern der Gedankenökonomie.

Wie ferner das begriffliche Apperzipieren dadurch dem Prinzip des kleinsten Kraftmaßes so vorzüglich genügte, daß es, im Vergleich zu dem einfachen Wiedererkennen, mit derselben aufgewandten Kraft durch Repräsentation eine Mehrleistung bewirkt und somit das eigentliche theoretische Verhalten des Menschen, d. h. aber das eigentliche unterscheidende menschliche Denken begründet, so tritt auch in der Kunstwirkung eine repräsentative Funktion mit demselben Erfolg ein und macht das Kunstempfinden zu dem unterscheidenden menschlichen Empfinden. Das, was repräsentiert wird, mögen in der Kunst vorwiegend Gemütswirkungen sein, denn auch da, wo die Kunst — wie in der Poesie — Gedanken entwickelt, behandelt sie dieselben in Hinsicht ihres Empfindungswertes, nicht nach ihrem logischen Gehalt; wobei der auffällige logische Widerspruch allerdings vermieden werden muß, einfach weil wir auf denselben, als Widerspruch, mit bestimmten, für das ästhetische Empfinden unverwendbaren Unlustgefühlen reagieren. Das, wodurch die Kunst repräsentativ wirkt, ist das Wort, der Ton, die Farbe, die charakteristische Linie und Bewegung — ist ihr Material. Wie der Begriff die ganze Summe seiner zugehörigen Anschauungen und Erkenntnisse in sich trägt, so das repräsentierende Element in der Kunst die sämtlichen mit ihm assoziierten Gefühle. Und wie das Wort, welches den Begriff ermöglicht, die Vorstellungen ihrer Bewußtseinsintensität nach differenziert und durch diese Differenzierung die größtmögliche Fülle und Mannigfaltigkeit der Vorstellungen in einer Zeiteinheit durch das Bewußtsein bewegt, so werden in der Kunst durch die Repräsentation die sinnlichen Empfindungen gemildert, durch diese Dämpfung intellektualisiert, vergeistigt, verklärt, und zugleich in einer inhaltlich reichen und mannigfaltigen Verdichtung zu zauberischen Wirkungen vereinigt. Psychologisch ausgedrückt heißt das: allein die repräsentierenden Vorstellungen werden voll bewußt, während die assoziierten Empfindungen einzeln nur die Höhe mitschwingender Vorstellungen erreichen und starke Erregungen nur als Summationserscheinungen zulassen; aber gerade hierdurch, daß die einzelnen Empfindungen mitschwingend bleiben, ermöglichen sie jene unbegrenzte Mannigfaltigkeit in Inhalt und Wirkung, ohne doch einen größeren Kraftaufwand zu erfordern. Es erfüllt also die ästhetische Empfindungsreaktion in gleicher Weise die höhere Forderung des Prinzips des kleinsten Kraftmaßes, wie die logische Begriffsapperzeption, und aus den gleichen Gründen.

Nach all dem Gesagten wird es vielleicht nicht als zu gewagt erscheinen, den ästhetischen Wert bestimmter Formen gleichfalls auf das Wirken des Prinzips der zweckmäßigen Kraftverwendung zurückzuführen. In solchen Fällen — gewisse gewundene Linien und die Verhältnisse des goldnen Schnitts gehören hierher — ist es weder der materielle Stoff, noch ein repräsentierter Vorstellungsinhalt, was ein ästhetisches Gefallen erregt, sondern nur die Art der Anordnung der einzelnen Teile untereinander. Mithin kann das erregte Lustgefühl nur eine Begleiterscheinung der Leistung sein, welche seitens des auffassenden Subjektes im Akt der Auffassung, durch die Beziehung der Teile aufeinander, vollzogen ist. Man kann sich nun experimentell überzeugen, daß die wohlgefälligen »harmonischen« Formen und Verhältnisse zwischen den allzu einfachen bez. allzu symmetrischen liegen, welche nüchtern, und den allzu komplizierten und reichen, welche verwirrend oder als »überladen« wirken, bez. den allzu unsymmetrischen, welche den Eindruck des Eckigen und Verschobenen machen. Diese verschiedenen Reaktionen scheinen sich — eventuell unter Mitwirkung noch anderer physiologischer Bedingungen — vorwiegend in dem folgenden, übrigens zum Teil schon oben angedeuteten Umstande zu begründen. Wir produzieren nicht allein, gemäß den Bedingungen allen organischen Lebens, in wachem Zustande fortwährend ein gewisses Maß verwendbarer (Geistes-) Kraft, welches für eventuelle Apperzeptionen bereit steht, sondern wir sind auch durch unsere Erziehung (das Wort im weitesten Sinne genommen) gewöhnt worden, das Maß der Apperzeptionsmittel nicht durchgängig erst der sozusagen reflektorischen Bestimmung der eintretenden und zu apperzipierenden Objektsvorstellung zu überlassen, vielmehr aus Gründen einer ferner liegenden Zweckmäßigkeit den uns entgegentretenden Objekten — z. B. einer Anrede, aber auch einem Schauspiel, einer Predigt — ein bestimmtes, gewissermaßen »für alle Fälle« vorläufig ausreichendes Maß von Apperzeptionsmitteln von vornherein zur Verfügung zu stellen, und dieses Gewohnheitsmaß sofort zu entwickeln, wenn uns ein Schauspiel u. s. w. zur Apperzeption geboten wird. So läßt sich denn auch annehmen, daß wir durch allerhand Erfahrungen erzogen bez. durch unsere organischen Verhältnisse befähigt sind, neben anderen Apperzeptionen auch denjenigen von Formenverhältnissen ein gewisses, stets in Bereitschaft gehaltenes und sofort entwickeltes Gewohnheitsmaß von Kraft zur Verfügung stellen. Und wie wir nun beim Anhören eines Schauspieles oder einer Predigt, wenn das Gebotene unter unserer gewohnten Apperzeptions-Leistungsfähigkeit bleibt, uns gelangweilt, oder, wenn es jenes Gewohnheitsmaß übersteigt, belästigt fühlen, so reagieren wir mit dem Gefühle der Nüchternheit, wenn die Apperzeption einer Figur die gewohnheitsmäßig entwickelte Kraft zum Teil leer läßt, mit dem Gefühle des Verwirrtseins und dergleichen, wenn sie die gewohnte, hierfür disponible Kraft übersteigt, aber endlich mit dem Gefühl des Gefallens bez. mit dem Eindruck des Harmonischen, wenn Kraft und Leistung sich harmonisch verhalten, d. h. entsprechen. Letzteres ist aber auch derjenige Fall, wo dem Prinzip des kleinsten Kraftmaßes am besten genügt ist, nach welchem einerseits nicht mehr Mittel aufgewandt werden sollen, als eine Leistung erfordert; andererseits nicht mehr Mittel erfordert, als wir ohne Anstrengung innerhalb gewisser Grenzen zu liefern gewohnt sind. — Wie mit der Apperzeption von einfachen Figuren, scheint es sich übrigens auch mit der einzelner Worte in solchen Fällen zu verhalten, wo statt des präziseren Ausdruckes — wie man erwarten sollte — vom Dichter der vagere gewählt und somit dem Aufnehmenden die Freiheit gelassen wird, durch eigenes Tun die verlangte Apperzeption zu gewinnen und so seine bereiten Apperzeptionsmittel harmonisch zu verwenden. — Die Abirrung endlich von unserem Prinzip, welche in der ausgebildeten Bereithaltung eventuell größerer Kraftmittel, als gebraucht werden, gefunden werden kann, ist nur eine scheinbare; denn hervorgerufen ward dieses Verhältnis durch die Erfahrung, daß gerade das Bereithalten größerer Kräfte in vielen Fällen vor der Notwendigkeit schützt, noch bedeutendere zu entwickeln: es findet mithin die bereite größere Kraft ihren Maßstab nicht in einer zufälligen Anwendung, sondern in der Vorstellung möglicher Bedürfnisse. Das Walten unseres Prinzips ist hier also ein mittelbares.

Auf den Zusammenhang sittlicher Gefühle mit der Befolgung bez. Verletzung des Prinzips des kleinsten Kraftmaßes (und zugleich auf die Zweckmäßigkeit geistigen Kraftaufwandes als ethische Forderung) hat J. C. F. Zöllner (Über die Natur der Kometen, Leipzig 1872. S. 201 ff., S. 211 ff.) hingewiesen. Die Frage, inwieweit sich das behandelte Prinzip allgemein im Gebiet des Ethischen wirksam erweise, berührt zu prinzipielle Vorfragen, als daß sie hier eine auch nur andeutende Behandlung erfahren könnte.

Nachweise endlich über das Walten des Prinzips des kleinsten Kraftmaßes in dem praktischen Verhalten der Menschen zu geben, steht unserer Aufgabe gleichfalls zu fern; nicht allein in allem Streben nach Freiheit, nach Arbeitsteilung, nach einheitlicher Gestaltung des administrativen, kommerziellen, rechtlichen, staatlichen und sozialen Lebens und Verkehrs liegt es deutlich vor Augen, sondern auch in den letzten Zielen und den positiven Institutionen des Handels, der Nationalökonomie, der Gesetzgebung, des Staates, der Politik u. s. w. tritt es bestimmend hervor. Aus diesen Gebieten möchte ich beiläufig zwei Beispiele des mittelbaren Waltens unseres Prinzips anführen, welche an besonders großen Verhältnissen zeigen, wie eine bedeutende Kraftanstrengung einer künftigen Kraftersparnis willen gefordert wird. Das eine Beispiel ist die Einführung neuer Maß- und Münzeinheiten: das andere enthält der bekannte Satz: *Si vis pacem para bellum.*

15. (S. 27.) In den Naturwissenschaften sucht man gewöhnlich das Wesen des Gesetzes im Begriff der Notwendigkeit; inwieweit dies unzulässig, wird sich bei der später folgenden Betrachtung der Kraft ergeben. Helmholtz stellt das Wesen des Gesetzes richtig dar, wenn er sagt: »Das Wesen unseres Begreifens den Naturerscheinungen gegenüber ist, daß wir Gattungsbegriffe und Naturgesetze zu finden suchen. Naturgesetze sind nichts als Gattungsbegriffe für die Veränderungen in der Natur«. (Handbuch der physiologischen Optik, Leipzig. 1867, S. 454.)

16. (S. 28.) Ich will hier, wo ich voraussichtlich zum letztenmal auf die Gefühlsreaktionen Bezug genommen haben werde, endlich eine Bemerkung anfügen, welche vielleicht mehrfach bereits vermißt worden ist.

Bei dem empirischen Zusammenhang, in welchem auch unsere theoretischen Apperzeptionen mit Gefühlen der Lust und Unlust stehen, könnte es näherliegend erscheinen, die Wurzel des Begreifens — und mithin der Philosophie — einfach in die intellektuelle Unlust, das Ziel in die intellektuelle Lust zu verlegen. Ich tat dies nicht, weil ich diese Gefühle vorläufig nur als Begleiterscheinungen aufzufassen vermag, denen nur eine sekundäre Wirksamkeit zukommen könnte, als den tiefer gelegenen und eigentlichen Grund der Entwicklung des Begreifens aber das Streben nach Kraftersparnis betrachten muß, welches auch in den Sphären wirksam ist, wo von Begleiterscheinungen der Lust und Unlust, wenigstens so weit wir bis jetzt sehen, nicht mehr die Rede sein kann. Schon als das universellere

Moment würde also das Prinzip des kleinsten Kraftmaßes den Vorrang verdient haben.

17. (S. 35.) Vergl. Ende der Anm. 14 und Abschnitt I, A. II und IV.

18. (S. 37.) Daß es sich bei allen mythologischen Auffassungen in der Tat nur um apperzeptive Bestimmungen der Gegenstände bez. Vorgänge vermittelst der Vorstellung von unserer Seele handelt, hat Edward B. Tylor in den »Animismus« überschriebenen Abschnitten seines lehrreichen Werkes »Die Anfänge der Kultur« (ins Deutsche übertragen von J. W. Spengel und Fr. Poske. 2 Bde., Leipzig, 1873) eingehend nachgewiesen.

19. (S. 48.) Die Eliminationsmethode wäre hiernach so gemeinsam wie das Aufsteigen zu höheren Begriffen und die Logik überhaupt. Es scheint die Frage darauf hinauszulaufen: sollen die Naturwissenschaften zugleich Philosophie oder die Philosophie zugleich Naturwissenschaft sein, und die Gefahr eines Wortstreites nahezuliegen.

20. (S. 53.) In dem Anm. 14 (gegen Ende) angeführten Werke, S. 213.

21. (S. 56.) Die Unmöglichkeit, aus den der Materie beigelegten mechanischen Eigenschaften die Empfindung bezw. das Bewußtsein »abzuleiten« oder zu »erklären«, ist in neuerer Zeit naturwissenschaftlicherseits durch zwei Forscher unabhängig voneinander anerkannt worden; während aber der eine, E. du Bois-Reymond (Über die Grenzen des Naturerkennens. Ein Vortrag. Leipzig, 1872), noch bei dieser Konstatierung als bei einer von ihm aufgewiesenen »Grenze des Naturerkennens« stehen bleibt, schreitet der andere, J. C. F. Zöllner (in dem gegen Ende der 14. Anm. zitierten Werke, S. 213ff.), durch eine tiefer greifende und logisch schärfere Betrachtung bis zu dem Punkte vor, »gegenüber denjenigen Veränderungen in der Natur, welche mit Empfindungsphänomenen verbunden sind,« folgende Alternative zu stellen: »entweder auf die Begreiflichkeit der gedachten Eigenschaften für immer zu verzichten oder die allgemeinen Eigenschaften der Materie hypothetisch um eine solche zu vermehren, welche die einfachsten und elementarsten Vorgänge in der Natur unter einen gesetzmäßig damit verbundenen Empfindungsprozeß stellt«.

Wollen wir uns, zur größeren Klarheit, den Unterschied bewußt machen, welcher zwischen dem angedeuteten Zöllnerschen Gedankengang und unserer Entwicklung liegt, so dürfte er darin zu finden sein, daß wir der Empfindungsphänomene aufweisenden Substanz die Empfindung als ursprüngliche Eigenschaft überhaupt nicht hypothetisch beilegten, sondern für uns geltend machten, daß weder die kausale Unterordnung einer Empfindung unter eine Bewegung, noch überhaupt eine empfindungslose Substanz in der Erfahrung wirklich gegeben sei, wohl aber wir in uns selbst empfindende Wesen (Substanzen) erführen; mithin wir entschiedener auf dem Boden der Erfahrung als die Lehrer der empfindungslosen Substanz ständen.

22. (S. 59.) Die gegebene Charakterisierung der Wahrnehmung erhebt nicht den Anspruch auf völlig genügende psychologische Genauigkeit; doch reicht sie hoffentlich, wie auch die weitere Darlegung, aus, um den

Inhalt der Substanzvorstellung zu entwickeln. Und darauf nur kommt es hier an.

23. (S. 60.) Am reinsten zeigt sich diese Entwicklung bei Spinoza und seinen Vorgängern, bei denen zugleich in höchst interessanter Weise die Substanz, infolge ihrer entwickelten Vorzüge als absolut Selbständiges, als Zugrundeliegendes und wahrhaft Seiendes, in immer intimere Verbindung mit der Gottesvorstellung tritt.

24. (S. 61.) Es werde beiläufig noch darauf hingewiesen, daß dies im entwickelteren Denken auftretende Verlangen oder Streben nach dem Absoluten bezw. dem Unendlichen wieder eine Äußerung der Wirksamkeit unseres behandelten Prinzips ist. Denn bei jedem bewußten Abbrechen einer gleichmäßigen und, weil über alle Erfahrung hinausgehend, beliebig fortsetzbaren Vorstellungsreihe findet sich das Denken, indem es zugleich über die letztgesetzte Grenze hinausblickt, nicht dem Nichts, sondern einem irgendwie anders zu bestimmenden Sein gegenüber. Es reizt mithin das bewußte Aufhörenlassen einer solchen homogenen Vorstellungsreihe oder, analog dazu ausgedrückt, Vorstellungsfläche zum Denken einer zweiten Reihe oder Fläche, welche von den ersten verschieden sind. Der Versuch nun, die erste einmal gedachte Vorstellungsreihe oder, was dasselbe, den darin befaßten Inhalt unbegrenzt bez. absolut zu denken, läuft demnach darauf hinaus, neben demselben keinen anderen denken zu müssen, also einheitlich zu denken.

Über die Ausbildung der Vorstellung des Unendlichen durch das Bedürfnis zu begreifen vergleiche den letzten Abschnitt der Schrift.

25. (S. 61.) In der Schrift von C. Neumann »Über die Prinzipien der Galilei-Newtonschen Theorie« (Leipzig 1870) ist mir eine Vorstellungsbildung entgegengetreten, welche, wenn ihre Analogie mit der Substanzvorstellung zutreffend ist, auf die im Text entwickelte Ansicht von der Substanz ein weiteres belehrendes Licht werfen würde. Leider kann ich als Laie nur hoffen, daß die fragliche Analogie wirklich vorliege; den endgiltigen Nachweis muß ich den Männern von Fach überlassen, deren Entschuldigung ich für den Fall der irrtümlichen Auffassung erbitte.

Neumann sagt (S. 14ff): »Jene Worte des Galilei, daß ein sich selber überlassener materieller Punkt in gerader Linie dahingeht, treten uns entgegen als ein Satz ohne Inhalt, als ein in der Luft schwebender Satz, der (um verständlich zu sein) noch eines bestimmten Hintergrundes bedarf.« Denn jede Bewegung, welche mit Bezug auf einen Himmelskörper geradlinig sei, würde mit Bezug auf jeden andern Himmelskörper krummlinig erscheinen. Es müsse mithin irgend ein spezieller Körper im Weltall uns gegeben sein als Basis unserer Beurteilung, als derjenige Gegenstand, mit Bezug auf welchen alle Bewegungen zu taxieren seien, — nur dann erst würden wir mit jenen Worten einen bestimmten Inhalt zu verbinden im stande sein.

Verstehe ich nun Neumann recht, so beziehen nach seiner Beobachtung sowohl Galilei als Newton, ohne darüber ein bestimmtes Bewußtsein zu haben, sämtliche im Universum vorhandenen oder überhaupt denkbaren Bewegungen in der Tat auf ein und denselben Körper, sodaß Neumann — diese unbewußte Beziehung entdeckend und zu vollem Bewußtsein erhebend — als erstes Prinzip der Galilei-Newtonschen Theorie den Satz hinstellen kann, »daß an irgend einer unbekannten Stelle des Weltraumes ein unbekannter Körper vorhanden ist, und zwar ein absolut starrer Körper, ein Körper, dessen Figur und Dimensionen für alle Zeiten unveränderlich sind«. Diesen Körper nennt Neumann den »Körper Alpha« und fügt hinzu, daß sodann »unter der Bewegung eines Punktes nicht etwa seine Ortsveränderung in Bezug auf Erde oder Sonne, sondern seine Ortsveränderung in Bezug auf jenen Körper Alpha zu verstehen ist«. Es würde dann das Galileische Gesetz ein zweites Prinzip präsentieren, »darin bestehend, daß ein sich selbst überlassener materieller Punkt in gerader Linie fortschreitet, also in einer Bahn dahingeht, die geradlinig ist in Bezug auf jenen Körper Alpha«.

Über diesen Körper Alpha bemerkt Neumann S. 20 weiter: »Man pflegt den Körper Alpha in der Regel zu ignorieren; man spricht von dem absoluten Raum, von der absoluten Bewegung. Das dürften nur andere Worte für dieselbe Sache sein. Denn der Charakter, das eigentlich Wesentliche der sogenannten absoluten Bewegung, besteht (wie niemand bestreiten dürfte) darin, daß alle Ortsveränderungen bezogen werden auf ein und dasselbe Objekt, und zwar auf ein Objekt, welches räumlich ausgedehnt, und unveränderlich, übrigens nicht näher angebbar ist. Nur dieses Objekt ist es, welches von mir bezeichnet wurde als ein unbekannter starrer Körper, bezeichnet wurde als der Körper Alpha.«

Immer vorausgesetzt, daß ich Neumann richtig verstanden habe, ist nun meine Vermutung die, daß die Funktion, welche uns im Vorstellen der außenweltlichen Objekte als Substanzvorstellung entgegengetreten ist, uns hier in der Vorstellung des Körpers Alpha wiederbegegnet. Wie nämlich die Substanz den idealen, absolut unveränderlichen Vergleichungspunkt für alle Veränderung abgibt, so scheint der Körper Alpha nichts als den idealen, absolut starren Beziehungspunkt für alle Bewegung bezw. deren Richtung darzustellen. Dadurch, daß beide Momente nicht empirisch sind, machen sie die Vorstellung der Veränderlichkeit bezw. Bewegung unabhängig von allen empirischen Bedingungen, an welche — durch vergleichende Beziehung des Wahrnehmenden — das empirische Wahrnehmen aller Veränderung und Bewegung gebunden ist, ohne doch darum deren objektiv reale Existenz aufzugeben. So ward durch die Absolutheit der Unveränderlichkeit der Substanz ermöglicht, die Veränderung absolut zu denken, obgleich eine absolute Veränderung nicht erfahren werden kann: so bewirkt der absolut starre Körper Alpha, daß die Bewegung absolut gedacht wird, d. h. hier aber: befreit von der Relativität zu einem anderen empirischen und, wie alle empirischen, auch bewegten Körper — ohne daß doch Bewegung ohne solche Beziehung jemals wahrgenommen werden kann. Eliminiert man die Substanz als das beharrende, und den Körper Alpha als das starre Nicht-Empirische, in Bezug auf welches alle Veränderung Veränderung und alle Bewegung Bewegung, so bleiben die Vorstellungen der nicht-relativen Veränderung und der nicht-relativen (absoluten) Bewegung, welche eventuell ohne empirische Relativität auch geradlinig ist: und auf diese Vorstellungen kommt es an — sie zu erzeugen waren eben Substanz und Körper Alpha Hilfsfunktionen des Denkens.

Daß sich übrigens bei Neumann und mir die Begriffe des Absoluten zum Teil nicht decken — bei ersteren ist »absolut« Aufgebung der Relation zu einer möglichen Wahrnehmung, nähert sich also dem Begriff des Objektiven im Gegensatz zu dem Subjektiven; während bei mir die Veränderung insofern »absolut« heißt, als sie an keinem Punkte innehaltend gedacht wird, im Gegensatz zu einer gewissermaßen bloß gradweisen Veränderung des Seienden — daß sich also in der Neumannschen Darlegung und der meinen die Begriffe des Absoluten zum Teil in differenter Richtung entwickelt haben, dürfte sich in den entgegengesetzten Ausgangspunkten und Zielen der Vorstellungsentwicklung begründen: Neumann geht aus von der Vorstellung der an keinem Punkte innehaltenden Bewegung und strebt zur Vorstellung ihrer Objektivität; die in meiner Darlegung abgespiegelte Weltauffassung setzt die objektive, von ihrem Wahrgenommenwerden unabhängige Existenz der Veränderung voraus und entwickelt sich erst zu der Vorstellung der an keinem Punkte pausierenden Veränderung.

In demjenigen Teile unserer beiderseitigen Begriffsanwendungen, der, die hypostasierte Funktion selbst charakterisierend, die Substanz als das absolut Unveränderliche, den Körper Alpha als das absolut Starre denkt, ist das Absolute gleichbedeutend. Und hierauf dürfte es für unseren Zweck zunächst ankommen.

26. (S. 62.) Beiläufig sei bemerkt, daß man also bei der Behandlung des Problems der angeborenen Ideen bezw. der Apriorität der »Verstandesbegriffe«, den Einfluß der Sprache auf das Vorstellen nicht unberücksichtigt lassen darf, da die Sprache kontinuierlich jedem neu und durch die sich bildenden Selbstbewußtsein überliefert wird und mit ihr diejenigen Vorstellungen, welche durch sie entwickelt werden.

In Bezug auf das im Text über den Zusammenhang von Sprache und Vorstellen Gesagte verweise ich zur näheren Begründung bezw. zur Vergleichung auf die in Anm. 1 und 10 angeführten Schriften Steinthals und L. Geigers.

27. (S. 65.) Ich möchte hier ein Wort L. Geigers (Ursprung und Entwicklung der menschlichen Sprache und Vernunft, Bd. 1, S. 100) wiedergeben, obwohl es von ihm nicht in der völlig gleichen speziellen Beziehung gesprochen ward: »In der Tat sehen wir das Denken mit den Worten ringen und sehr schwer ihren Fesseln entkommen, oft auch viele Jahr-

hunderte, ja die ganze uns bekannte Zeit bis auf diesen Tag die Natur von Wesen suchen, die keine andere Wirklichkeit noch selbständiges Dasein haben, als in den Anschauungen einer fernen Vergangenheit, wie sie in jenen wunderbaren Lauten leben, allein die Bande der Sprache sind wie die des Körpers, welche das Gebundene auch zugleich enthalten«.

28. (S. 66.) Wüßten wir, welche Bewegungsform dem Empfindungsinhalte zukäme, so würden Empfindung und Bewegung, indem sie zwar aus dem Verhältnisse eines Grundes ihres Seins oder Werdens scheiden, so doch in dasjenige des gegenseitigen Erkenntnisgrundes treten.

29. (S. 69.) Mehr und mehr werden übrigens die Atome nur als Träger der Bewegungen berücksichtigt, welche Abstraktion bei den eigentümlichen Schwierigkeiten, welche die Hervorhebung des Inhalts in der Naturwissenschaft mit sich führen würde, völlig berechtigt ist. Denn der Inhalt des Seienden, obwohl als ein gleichartiger gedacht, ist doch für unser sinnliches Betrachten vielfach ein untereinander unvergleichbarer, der sprachlichen bez. begrifflichen Erfassung sich entziehender; auch verbirgt er sich überall, wo er in äußeren Vorgängen beschlossen ist. So muß die Naturforschung notgedrungen ihr Auge auf das richten, was sie mit dem Auge erfassen und dabei in gleiche Einheiten auflösen und aus gleichen Einheiten zusammensetzen kann: auf die Bewegung. Hierdurch gewinnt sie auch für ihre Sätze eine formale Notwendigkeit, welche sich der mathematischen nähert, zum Teil sie erreicht, und die höchste Stufe bedeutet, welche der menschliche Geist in Entdeckung, Wiedergabe und nachrechnender Kontrolle zu ersteigen vermag.

Indem nun die Entwicklung des spezifisch naturwissenschaftlichen Erfassens der Welt den Vorzügen folgte, welche eine formale, d. h. vorwiegend auf die Bewegungsvorgänge gerichtete theoretische Behandlung bietet, hat sie jene S. 51 reproduzierten Bestimmungen als allgemeinste aufgestellt, welche zu einem Teile formale Vorstellungen, zum anderen Hilfsvorstellungen für das Denken und Begreifen jener enthalten, und eben darum von den allgemeinsten inhaltlichen Bestimmungen, welche unsererseits entwickelt worden sind, so bedeutend differieren müssen.

30. (S. 70.) Nach meiner Vermutung werden sich in dem angedeuteten Sinne diejenigen Untersuchungen eventuell verwendbar erweisen, welche sich mit den qualitativen Übergängen der Empfindungen bezw. Vorstellungen beschäftigen. Vergl. Ad. Horwicz, Psychologische Analysen auf physiologischer Grundlage. Bd. I. Halle, 1872. — Auch die in neuerer Zeit eingeleitete Reaktion gegen das Prinzip der spezifischen Energien in seiner Starrheit dürfte eine in der angegebenen Richtung gelegene Bedeutung gewinnen. Vergl. außer dem soeben angeführten Werke W. Wundt, Grundzüge der physiologischen Psychologie, Leipzig, 1874, namentlich S. 345 ff.; womit wieder zu konferieren G. H. Lewes, Physiology of common life, Bd. II. Edinburgh und London, 1860, S. 21 ff., sowie desselben Verfassers Problems of life and mind, Bd. I, London, 1874, S. 135. —

Schließlich sei hier, um etwaigen Mißverständnissen vorzubeugen, noch hervorgehoben, daß die im letzten Absatz des Textes eröffnete Perspektive sich nur ganz formal auf die logische Möglichkeit der Vorstellung einer einheitlichen Urempfindung überhaupt beziehen, nicht aber besagen soll, daß damit sogleich eine Möglichkeit vorläge, nun auch den Inhalt dieser Empfindungsureinheit anzugeben. Die Frage nach der Möglichkeit einer solchen qualitativen Bestimmung würde speziellere Untersuchungen erheischen, welche nicht mehr dieses Ortes sein können.

Druck von Georg Reimer in Berlin.

FSC
www.fsc.org
MIX
Papier | Fördert gute Waldnutzung
FSC® C083411

Kolibri 360 GmbH
Ferdinand-Jühlke-Straße 7
99095 Erfurt, Deutschland
produktsicherheit@kolibri360.de